OHSAMA BUNKO

神様に愛される生き方

江原啓之

三笠書房

はじめに

あなたは幸せになれる人ですか？　それとも幸せになれない人ですか？　そして
この先、あなたの人生にどのような運命が待っているのか理解していますか？
たとえあなたが今、悩みや苦しみのなかに閉ざされていたとしても、この本を手
に取ったということは、あなたは幸せになれる人であるということです。
私はこれまでスピリチュアル・カウンセリングを通して、多くの幸せになれる人
と、なれない人を視《み》てきました。
この世には残念ながら、幸せになれる人と、なれない人がいます。
幸せになれない人は気の毒です。
しかし、幸せになれない人には必ず、その理由があるのです。
その理由に気がつけば未来は拓《ひら》けてくるのですが、多くの人がその理由を知って

も未来を拓こうとはしないのです。

私はこれまで多くの幸せになれない人とスピリチュアル・カウンセリングを通して向き合い、寄り添ってきました。

そして幸せになれる人へとみちびいてきました。

これまでもさまざまな機会にお伝えしてきたように、人生には宿命と運命があります。この二つはまったく異なります。

「宿命」とは、この世に生まれてくるときに決めてきたカリキュラム。

いわばあなたというたましいがこれまで積み上げてきた前世の集積であり、良し悪《あ》し、さまざまなカルマの清算です。前世でまいた悪しき種を今生《こんじょう》で清算する。要するに「したことが返ってくる」のです。もちろん、良きことをしていれば「善《よ》きこと」が返ってきます。

そのカリキュラムは国籍、時代、性別、家族など、決められた「たましいの基盤」としてあらわれるのです。あなたというたましいにとって一番の学びとなるよう宿命が自身の環境に映し出されるわけです。

いわばこれらを映し出す宿命は、まず受け入れなければならない課題として存在するものです。そしてそれらと向き合い、受け入れて、そのうえで乗り越えて行くのです。

たとえば、生まれた家庭に問題があれば、幼いうちは受け入れるよりほかどうにもなりませんが、やがて成人に達して、その環境から旅立つことで、新たな人生を切り拓いたり。

また、性別に違和感がある人が、若い時代はその違和感に苦しんだりしていても、自身の努力と自律《じりつ》により、性別を変えるなど、新たな世界を拓くことも可能ですし、まして今の時代はＬＧＢＴに対しても理解が少しずつ深まってきています。

人はさまざまな宿命という課題を背負って生まれてきます。

生まれながらの病や、人生を変えるような避けられない事故、境遇……。

これらのように、人はみな顔かたちが違うように、何らかの宿命を背負って生まれてきます。

その宿命に押しつぶされそうになることもありましょう。

何のためにこのような不幸を背負わなければならないのかと。

人は人生の理不尽《りふじん》とも思えるような宿命にもがき苦しみますが、あきらめないたましいの力がある人や、自身に訪れるさまざまなメッセージに気づく人は、その宿命を乗り越える努力をし、新しい人生の道を拓いていきます。

この宿命を受け入れ、乗り越えて人生の道を拓くことを「運命」といいます。

そうです。この「宿命という成長の種」から「運命という花」を咲かせられる人。

その人を幸せになれる人というのです。


実は逆に自身の宿命に押しつぶされる人も多々存在します。

それは自身の宿命を呪《のろ》ったり、恨《うら》んだり、いつまでも受け入れようとしなかったりする人です。

不幸になる人の三つのポイントを私はいつも伝えています。それは「自己憐憫《れんびん》」「責任転嫁《てんか》」「依存心」。これらの三つを抱いていたら、絶対に宿命に押しつぶされて、永遠に不幸となることでしょう。

宿命に苦しんだことは、必ず自身のたましいの糧《かて》になり、たましいの成長に役に立つのに、それに気づかず、自身がかわいそうと自己憐憫して、みずからの宿命を何かのせいにしたり、誰かになすりつけたり。

これでは自身のたましいが闇《やみ》の世界に堕ち、永遠に不幸の闇に覆われることでしょう。

本書はいわば宿命から運命の花を咲かせ、幸せになる人へとみちびく本です。

これからページを開くことで、あなたの運命が動き出します。

そしてこれまで不幸の人生だったと思う人も、また幸せに見捨てられていると人生をあきらめていた人も、必ず幸せの道が拓かれます。そのことを忘れないでください。

そして、神様を愛するように宿命という成長の種を上手に愛《め》でて、すばらしき運命の花を咲かせてください。

神様に愛される生き方★もくじ

第1部 今あなたに伝えたい「本当の幸せ」を生きるルール

第1のルール 神様が送る「波」に乗る 時をあやつる、時を待つ

第2のルール

神様のほうを向いて生きる

第3のルール

神様のギフトに気づく

第4のルール

神様に愛されなさい

第5のルール

神様から差しのべられた手を取る

第6のルール

神様とともに歩む

第2部 「幸せにつながる神の道」の見つけ方

第3部 神様に愛される「暮らし」の実践

第1部

今あなたに伝えたい「本当の幸せ」を生きるルール

あなたは神様に愛される生き方をしていますか？

スピリチュアルな視点で見た幸せとは、「矛盾《むじゅん》のない世界」のなかにあります。

何の努力もしていないのに、いいことが起こるようなことはありません。いいことも悪いことも、自分のしたことがしたぶんだけ返ってくる。

すべては神の法則・摂理にのっとって営《いとな》まれているのです。

つまり神様に愛されているかどうか、幸せになれるかどうかは、「法則にそった生き方をしているかどうか」——。それが私たちの人生を大きく分けるのです。


あなたは今、幸せを感じていますか？

もし幸せを感じられていないとしたら、法則にそった生き方ができていないということです。この本では、まずそのルールをお伝えしていきます。

難しいことはありません。幸せになりたいと願うのなら、ただ、ひたすらに、「幸せになるほうの道」を選び、進めばいいだけのこと。これまで何もいいことがなかったという人も嘆く必要はありません。今、あなたがこの本に出会えたこと自体がすでに「神様に愛されている証《あかし》」です。

そう、決して偶然ではありません。すべてが必然なのです。

第1のルール

神様が送る「波」に乗る

時をあやつる、時を待つ

「江原さんは、占いはまったく信じないのですか？」

そんなふうに尋ねられることがしばしばあります。たましいの哲学である「スピリチュアリズム」と、いわゆる統計学である「占い」。私が活動を始めた35年前には十把《じっぱ》一絡《ひとから》げに扱われることがほとんどでした。

もともと占いは、どうすれば雨を降《ふ》らせることができるか、稲や作物をどう育てるかといったことを神様に尋ねるもので、天界と通信をとって吉凶を占う儀式的な意味合いの濃いものでした。

それが次第に「素敵な彼といつ頃出会えるかを知りたい」とか「金運が知りたい」といった、個人的な願望を満たすためのツールに変わっていきました。

そういった意味で占いとスピリチュアリズムはまったく別物です。

スピリチュアリズムでは、人生に起こるどのような試練も「すべてが必要なこと」ととらえています。占いでは「不運」とみなす状況でさえも、たましいの視点では、「意味のある学び」と考えているからです。

◇人生は変拍子

人生には、バイオリズムといえるものは確かにあります。

あなたの人生を振り返ってみてください。スムーズにとんとん拍子《びょうし》に物事が運んだ時期もあれば、何をしてもうまくいかず、歩《あゆ》みが止まってしまう時期もあったのではないでしょうか？

生まれてこのかたずっと順風満帆《じゅんぷうまんぱん》という人など、ほんのひと握りだと思います。

私自身、今日までの年月を思い返してみても、よいことだけの年も悪いことだけの年もありませんでした。

人生は、変拍子。ワルツのようにゆったりした三拍子の日もあれば、テンポが速い七拍子の日もある。人の一生という壮大な一曲のなかにいろいろなリズムがあり、変化に富んでいるからこそ人生は面白いのだと、実体験を通しても痛感しています。

4歳で父を、15歳で母を亡くし、高校生の頃からひとり暮らしをしていた私は、占いの世界ではきっと「不運」といわれるような境遇だったといえます。

実際、若い頃は食べるものにも苦労しました。部屋でひとりひもじく、いただきもののそうめんをすすって、空腹に耐《た》えた時代もありました。賄《まかな》いが出るという理由からイタリア料理店でアルバイトをして、学校に持っていくお弁当も自分でこしらえて……。日々「生きていくこと」に必死でした。

同級生たちが遊びに恋にと浮かれている青春時代に、霊能力をもっていたがためにしなくていい苦労も山ほど味わいました。その頃はまだ若く、自分では霊能力をコントロールできず、勉強も続けられないほど深刻な霊障《れいしょう》に悩まされ、思い詰めた時期もありました。

両親の死や霊障などというと、それこそ私自身、「神も仏《ほとけ》もあったものではない」と神様を恨んでもおかしくない人生です。けれど、あのとき、それらの経験があったからこそ、私は「人はなぜ生まれ、いかに生きるのが本当の幸せなのか」に疑問を抱き、考え抜くことができました。そして、やがて恩師と出会い、霊的真理という光を知ることができたのです。

◇思うようにいかないときは人生の「夜」

思うようにいかない時期は、誰の人生にもあります。それはさながら、「夜」の時間帯。多くの人は昼間、学校に行ったり仕事をしたりして活動し、夜が来れば家に帰って体を休めるでしょう。それと同じで、運気にも昼と夜があり、それぞれにふさわしい過ごし方があるのです。

多くの人が「不運だ」と下を向いている時期は、「夜」にあたります。

このバイオリズムで夜にあたる時期は、静かに自分と向き合うときなのです。

そんな夜にしておきたいのは、来《きた》るべき昼間に向けて仕込むこと。

飲食店でも、人気のお店はどこも営業時間外の仕込みに力を入れているものです。こだわりのラーメン店などは週の半分を仕込みに充《あ》てていたりもしますが、人生においても、まさにこの「仕込み」が重要です。

試練や苦難は人生の「夜」。このとき、いかに仕込むかで大きく道が分かれるという事実を知ってください。うまくいかないときは「今は夜の時間」と考えて、たとえば何か将来につながる資格を取るための勉強を始めるなど、昼の時間を見据《す》えて備えることも大切です。

また一方で、夜は神様という〝お母さん〟が寝かしつけてくれている時間でもあります。現実問題、夜遅い時間帯に外を出歩けば、昼間に比べて危険な目にあう可能性も高くなります。足元がよく見えず、転んでしまうかもしれません。

ですから、昼のように活発に行動するのではなく、自分自身の心と体に向き合い、メンテナンスするのもおすすめです。無理をすれば「泣きっ面《つら》に蜂《はち》」といわんばかりに次から次へと問題が起き、体調を崩《くず》してしまうかもしれません。

トラブルが起こると災厄《さいやく》だと感じるかもしれませんが、それもただ「今は夜」というだけのこと。感情的にならず、理性的に今何をするのがいいかを考えましょう。

◇運気の「昼」と「夜」の見分け方

自分のバイオリズムを知るために、占いを利用する人がいてもそれ自体を否定はしません。ある人は四柱推命《しちゅうすいめい》、ある人は九星気学《きゅうせいきがく》など、それぞれ自分に合うバイオリズムの見方があると思います。

ただ私は、バイオリズムを見きわめるときに必要なのは人生経験だと思うのです。経験を重ねると「勘《かん》が働く」といったことがあります。

たとえば、仕事で何かと横やりが入ってしまうようなとき、それがどんなに魅力的な話でも、経験があると「いや、待て。これは進めないほうがいいかもしれない」と、いったん立ち止まることができます。

経験が浅いと、「こんなにおいしい話を捨てるなんてもったいない。とにかく進めてさえいれば、そのうちうまく流れ出すはず」などと、根拠のない自信で突き進んでしまいます。

よい出会いがあったり、いろいろな縁が生まれたりするときは、うまくいくとき。

一方、なぜかトラブルが続くようなときは、「今はその時機ではない」、「計画を見直すべき」タイミング。仕事に限らず、不動産物件や恋愛の縁などでも同様です。


人生経験と書きましたが、たとえ若くても、あなたが日々懸命に生きていれば、今が自分にとって昼なのか夜なのかは絶対にわかります。

わからないとしたら、物事に中途半端に向き合っていないか、また〝昼行灯《ひるあんどん》〟のように生きていないか振り返ってみてください。目的もなく、なんとなく働いてなんとなく生きる。たまに何かに影響されて思いつきで頑張るけれど、結局三日坊主《みっかぼうず》で終わってしまう。そのような生き方をしていては、確かに見わけがつかないかもしれません。

夜を味わうからこそ、朝の光が差してきたことがわかります。そしていよいよ昼となったときには、がむしゃらに努力することができるのです。

◇欲しいという気持ちを否定しなくていい

かつて私は、イギリスでスピリチュアリズムを学び、そこで知った「スピリチュアル・カウンセラー」という言葉を日本ではじめて肩書にしてカウンセリングを行ない、人生のさまざまな悩みに耳を傾《かたむ》けてきました。

そのとき、若い男性が「お金を稼《かせ》いでいい車に乗りたい。高級な外車がいい」と相談してきたことがありました。

その相談に私は「物質的な欲をもつことは悪いこと」などとたしなめたりはしま

せんでした。むしろ、「とことんやってみなさい」と伝えました。

欲しいと思う動機がどんなに物質的であろうと、「いい車に乗りたい」と言うだけで何も努力せず、高級車を乗り回している誰かをただ「うらやましい」と妬《ねた》む人よりよほど前向きだと感じたからです。

努力の過程で、もしあまりにも欲をかくようなことをすれば、立ち止まらされるようなことが起こります。調子よく「昼」を過ごしていても、一転して「夜」になり、「あなたのその欲に、〝強〟がついていますよ」と教えられるのです。

欲をもつことは決して悪いことではありません。自分を磨き、高めようとする努力もいってみれば〝向上欲《こうじょうよく》〟です。

ですから、本人に覚悟があるなら、欲しいものに向かって走ってもいいのです。

実際その男性は懸命に働いて成功し、宣言どおりに車も手に入れました。

ただしそのときも「時機」は見きわめましょう。「今は夜だな」と気づいているのに無鉄砲《むてっぽう》に走り出したらケガをします。

夜だとわかっているのに立ち止まれない人は、「今のところは昼なんだ」と強引に思い込んでいるようなもの。それは「強欲《ごうよく》」です。

夜中の工事現場にあるような大きな照明をつけたところで、夜は夜。その場は明るくても昼ではないのですから動かないことです。自分の強欲でつぶれてしまったら、元も子もありません。

◇〝たましいの体力〟をきちんと知っておく

ただし昼であっても気をつけたいことがあります。それは、あなたの「体力」。肉体的な意味での体力はもちろんのこと、精神的に本当に乗り越えられる状態なのか、〝たましいの体力〟も知っておく必要があります。

仮に「老後が心配だから、二千万円貯《た》めたい」と思って働くとしましょう。ひとつの仕事に従事しているだけでは貯金する余裕がないかもしれません。だからといってダブルワークを始め、自分の肉体的な限界を考えずに働いていたら、無理がたたって体調を崩し、仕事を続けられなくなってしまうかもしれません。

たとえ「昼」でも、自分の力量、自分の「分《ぶん》」を知ることが大切なのです。

この「分」は身分などの意味ではなく、自分の器《うつわ》のこと。

一升《しょう》のマスには一升の量しか入りません。「やる気はあります！」と、どんどん水を注《そそ》いだところで、一升を超えたぶんはあふれてしまいます。

心身両面の体力をかんがみて、自分はどこまでできるのか。それを正しく知っておくことが欠かせません。

こうしてバイオリズムを知って、自分の「分」もわかって行動するとき、人はスムーズに神様が送る〝波〟に乗ることができるのです。実際のサーフィンも、自分の体格に合ったサイズのサーフボードでなければうまく波に乗れません。自分に合わないボードでは、どんなにいい波が来てもバランスを崩してしまいます。

勉強にも同じことがいえます。試験前に徹夜で追い込みをかけられる人もいれば、寝ないと実力を発揮できない人もいます。

若い頃にはできたけれど、壮年期になってから「しっかり寝ないと体力がもたない」という人もいます。

要するに、努力できる容量自体も人それぞれ。人生のタイミングを含めて、十人十色なのです。

◇私たちにはみな人生の役目がある

今、私は活動の拠点を東京から静岡県の熱海《あたみ》に移し、古民家を改築した「昌清《まさきよ》庵《あん》」に暮らしています。

ここでの私の暮らしについてはのちほど触れますが、東京で生活をしていた頃からは想像できないほど規則正しく、健康的な暮らしを営むことができています。

思えば、ある時期まではまるで全自動洗濯機のなかに放《ほう》りこまれたかのように、目まぐるしい毎日でした。「どうしてあれほどたくさんの仕事をこなせたのか」と自分でも不思議に思うほどです。

レギュラーでテレビ番組の収録もありましたし、ロケで何日も家を空《あ》けたり、全国各地に泊まりがけで出かけたりもしていました。そこで霊視をし、亡《な》き人からの声を聴いて伝えるというような過酷なスケジュールをこなしてきました。

また書籍の執筆や何本もの雑誌連載。日本武道館や大阪城ホールといった名だたる大ホールで、公開カウンセリングを含めた公演もしましたし、講演会は四十七都道府県すべてに出向きました。

もしかしたら、どこかで雑《ざつ》で粗《あら》い部分もあったかもしれません。そのときは、ただただ「若さ」というパワーで駆《か》け抜けたという感があります。それをやり切れたのは、すべてその時期の私に与えられた〝お役目〟だったからだと思います。私自身還暦を迎え、あらためてそう実感しています。

もちろん、今もそのお役目自体は変わってはいません。ただ、歩むリズム、つまり〝歩幅〟が少し違ってきました。

求められれば断ることができない性分《しょうぶん》で、時には無茶な働き方をしてきましたが、今は自分が心からやりたいと思うもの、本当に必要とされていることをお届けしたいと考えるようになりました。浮き世の義理に振り回されず、自分が主体となって考え、実践するようにしています。

◇縁を引きよせたいなら「焦らない」こと

壮年期も終盤に差しかかれば、若い頃に比べれば足が上がらなくなったり、「何だっけ。ほら、アレだよ、アレ」と、指示語だけで会話をするようになったり……。扇子《せんす》で自分をあおぎながら、「あれ？　扇子がない。どこにいった？」と、まるでギャグ漫画のようなオチがつくことも日常茶飯事《さはんじ》です。

肉体面ひとつとってもそうやって、少しずつ衰《おとろ》えが出てくるのは自然なこと。いつまでも若葉のように変わらず青々としているのは現実的ではありません。秋には秋だからこそ「できること」があるのです。それが何かを見きわめるためにも、自分の「分」を知ることが大切です。

人生の次の幕を上げる場所として、熱海という場所を選んだのは、霊界のおみちびきだったように思います。実際にそれまでいくつかほかの地域も下見をしていましたが、ある日、私の霊眼《れいがん》に「熱海」という文字が視えたのです。そこで思い立ってひとり熱海に向かいました。そこから感じるままに探し歩き、「ここだ」と思ったのが、「昌清庵」となる場所でした。

それまで長いあいだ探しているなかで出合ったわけですが、その間《かん》、焦《あせ》ってはいませんでした。〝不動産は縁もの〟というように、巡《めぐ》り合うときには巡り合い、それこそ、神様に愛されているときは、とんとん拍子で話がまとまるものだからです。

バイオリズムをきちんと知っていれば、必要なときに必要な縁を引きよせることができますし、人にも恵まれます。

◇なぜか不幸になる選択をしてしまう人

「絶対に今ではない」という時期になぜか動いてしまう人がいます。それは自分から、不幸になる選択をしているようなものです。

転居はその最《さい》たるもので、「最近、あまりにもいいことがないから、心機一転、引っ越しすることにしました!」などと言って唐突に行動する人がいます。

ですが、その焦りこそ、神様が送る波に乗れない典型。そもそも「あまりいいことがない」という時期は運気の「夜」なのですから、大きな変化を求めないに限ります。

あなたは、スピリット(たましい)の存在です(68ページ参照)。あなたが抱いた思いは想念となり、霊的なエネルギーを生み出します。そしてそれは波動となって、あなた自身やあなたをとりまく人々に影響を与えていくのです。

「類《るい》は友を呼ぶ」という言葉でもわかる通り、自分が放《はな》つ波動と同じレベルの想念をもった人や物を引きよせます。

この法則は絶対で、「いいことがない時期」は波長が下がっている状態。そこで出合える物件がどのようなものか推《お》して知るべし。いい物件に巡り合いたいなら、調子のいい時期、つまり、運気の「昼間」に動くべきです。

もちろん急いで引っ越さなくてはいけない事情がある人もいるかもしれません。同棲《どうせい》していた恋人と別れ、家を出なくてはいけなくなった。だから慌《あわ》てて物件を探し、引っ越したといった話もよく耳にします。

いざ引っ越してみると今度はそこで近隣の騒音トラブルに巻き込まれ、さんざんな目にあってしまう。この手の連鎖は本当によくあります。

このようなことが自分の身に起こったら、「あまりにもツイていない」と嘆きたくもなるでしょう。

けれど、これもその人自身が選んだ道なのです。

どんなに交際が順調であっても「もしもの場合」を想定して、ある程度お金をためておくことは必要です。もっといえば、別れたあとに二回引っ越すくらいの腹くくりも大事。動くべきときではないタイミングなのに急いで決めたら、それなりの物件しか巡り合えないことは承知しておきましょう。

そのうえで、身辺が落ち着き、波長が高まった段階で再度「本当に落ち着ける場所」を探して引っ越しましょう。

これは引っ越しに限った話ではなく、人生すべてにいえることです。何事も「ひと手間」をかけられるかどうか。それが、幸せ・不幸せを分けるのです。

第2のルール

神様のほうを向いて生きる

みずから変わる努力をする、人と比べない

「不幸になる人」は、みずからその迷路に入り込んでいくようなところがあります。誰かのせいで不幸になっているのではなく、自分自身で引きよせているのです。

このようにいうと、「自分から不幸になるようなことは何もしていない」と思うかもしれません。

けれど、日常のなかで無意識にやってしまっていることや何気《なにげ》なく選んでいることが、実は不幸につながる習慣になっていることがあるのです。

ここでセルフチェックをしてみましょう。

次の質問に直感で答えてください。今のあなたの幸せに対する感度がわかります。

Q：深夜にお腹《なか》が空《す》き、無性《むしょう》にラーメンが食べたくなったときどうしますか。

A：自宅にあるカップ麺でとりあえず空腹を満たす
B：遅い時間に食べるのは体に悪いので我慢する
C：明日以降に食べに行く店をリサーチする

幸せになれるのは、Bを選んだ人です。食べたいという欲（感情）よりも、理性が勝って、自分を律することができているからです。「健康を意識している」という意味でも、神様のほうを向いている人だといえます。

Aを選んだ人は、不幸につながりやすい選択をしています。自分の欲望に忠実で、空腹を満たすことを優先しています。自分の体をいたわる気持ちがあれば、選ばないでしょう。「どうしても食べたい」というなら止めませんが、得られるのは幸運ではなく、せいぜい贅肉《ぜいにく》くらいです。

Cを選んだ人は、幸せになるポテンシャルはあります。思いつきで動くのではなく、自分できちんと調べ、考えようとしているからです。

ただ、時はすでに深夜。スマートフォンやタブレットなどで調べているなら、睡眠を妨《さまた》げてしまいます。液晶画面から発せられるブルーライトが脳を覚醒《かくせい》させ、体内時計の調節を乱し、睡眠リズムが崩れるという指摘もあります。

そういったフィジカルな影響はもとより、たましいにとっても睡眠不足は問題。睡眠中、私たちはスピリチュアル・ワールド（69ページ参照）に一時的に里帰りして、霊的なエナジーを充電しています。睡眠不足では十分にチャージできなくなってしまうのです。

このように、日頃の何気ない選択ひとつをとっても、幸せになれるかなれないかの道は分かれます。このセルフチェックは〝ゲーム感覚〟でできる問いかけですが、ここで大切なのは、あなた自身が日頃から自分の言動や行動を客観的に見ること。その「視点」をもつことが大事なのです。

◇〝タイパ〟重視は幸せを逃す

今の時代は、情報でも品物でもワンクリック、ワンタップで簡単に手に入ります。そのせいか、多くの人が「待てなくなっている」ように感じます。

「スピーディー＝便利」と妄信《もうしん》し、時短、時短とタイムパフォーマンス（タイパ）を重視する世のなかです。けれども、そのようなスピード重視のインスタントな考え方によって、大切なことを見失っている可能性が高いことを知ってください。便利な生活は逆に不便な生き方につながっていきます。

幸せになれる人は、時を待てる人。そして、人生のバイオリズム（23ページ参照）をきちんと理解して、時をあやつる人です。

子どもの頃にみんなで遊んだ縄跳《と》びの長縄を思い出してください。幸せになれるのは、〝運命の長縄〟を上手《じょうず》に跳べる人です。

うまく跳ぶには縄がくるタイミングを見きわめる必要があります。焦ってものんびりしすぎても足が引っかかってしまいます。首尾《しゅび》よく長縄の輪の中に入ったあとも決して油断してはいけません。「次に跳ぶときにはつまずくかもしれない。だから慎重にいこう」と、気を引き締めて挑《いど》みましょう。

また、時を待てないと、近視眼的になりやすくなります。うまくいかないことがあると、すぐパニックに陥《おちい》って右往左往《うおうさおう》したり、暗澹《あんたん》たる気持ちになり、しおれた花のように下を向いて、どんよりと沈んでしまったりします。

今取り組んでいることが仮に期待ハズレの結果に終わったとしても、そのことにも必ず意味があります。今この瞬間だけのことを見て悲観するのではなく、あなたのたましいが成長していくために、時間を経《へ》て気づかされることもあると知りましょう。

◇幸せになれる道を行く人の「生きる姿勢」

かつて私は「シッティング」という形式でカウンセリングを行なっていました。これは相談者の悩みを具体的に聞く前に、守護霊や霊界から伝わってきたことを相談者に伝えるものです。

相談者からすれば「どうしてそんなことまでわかるんですか！」と大きな衝撃を受けるものだったでしょう。

そんななかで、すべての人がそうだったとはいいませんが、いわゆる当てもの的な感覚で「自分の未来が知りたい」「（物質的に）幸せになりたいから方法を教えてほしい」という欲がエスカレートしていく方もいらっしゃいました。

ひとつの悩みが解決して「ありがとうございました！」とすっきりした顔で帰っていっても、また違う問題が起きると、「先生、どうしたらいいですか」と尋ねてくる。はたしてこれで本当にこの人は幸せになれるのだろうか？　と思うこともしばしばありました。

スピリチュアルなカウンセリングは、いわば「対症療法」のようなもの。一時的によくなったとしても根本的な原因を取り除かなければ、また違うかたちでトラブルが発生するものです。

こうした経験の積み重ねでつくづく思い知らされました。〝転《ころ》ばぬ先の杖《つえ》〟をほしがる人が多すぎる、と。みな失敗したくない思いがあるのでしょう。気持ちはわかりますが、次第にカウンセリングに限界を感じるようになっていきました。

そこであるときから、勉強会で霊的真理の法則を学んでいただくことにしました。神の摂理である法則を学べば、自分自身で悩みの答えにたどりつけます。

いつかはみなが霊能者に頼ることなく、みずから内観し、分析して「幸せになれる道」をその足で歩んでほしいと願ったのです。

最初は私が奉職していた神社の広間を借りて行なっていた講座は、大きなホールに移り、コロナ禍を経た今はオンラインのライブ配信で開催されています。時代の変化にあわせて形式こそ変わりましたが、継続して行なっている活動のひとつです。

ただ、私も含めて人というのはみな未熟な存在です。だからこそこの世に生まれてきて学んでいるわけですが、どれほど伝えても、それが真にその人のたましいに響くには時間がかかると痛感しています。それこそ、それぞれのタイミングがあり、人生経験を積み重ね、苦難をいくつも乗り越えてはじめて、身をもってわかる人もいます。

今、この本を手にしているあなたはどうでしょうか。

「幸せになれる道」は、神の摂理であり法則ですが、それと同時にその人の普段の生きる姿勢にもあらわれるものです。

ここで次の三点を意識して、自分を振り返ってみてください。

①真《しん》・善《ぜん》・美《び》にもとづいた選択をしていますか

先述したように、欲をもつこと自体が悪いわけではありません。また、嗜好《しこう》は人それぞれですから、ほかの人に「どうしてそんなものが食べたいの？」と言われたとしても、それが好きなら食べてもいいのです。

ただ、先ほどのラーメンの話でいえば、本当に食べたいものでなくても食欲を満たすために「手近なもので適当にすませる」習慣が身についてしまうとしたら問題です。そこには「食」への感謝がないからです。

もちろん忙しくて時間がないときに、できあいのものを買ってくることはあるでしょう。このときも、それをそのまま食卓に出すか、器に移していただくか、というわずかな工夫を加えるか否《いな》かで、幸・不幸が大きく分かれていきます。盛りつけを楽しむ心のゆとりが必要です。

幸せになれる人は、どんなときでも「真・善・美」を失わない選択ができます。真・善・美とは、真＝まこと、善＝善きこと、美＝美しきこと。自然の恵みによって培《つちか》われた真の食べ物と食べることができる幸《さいわ》いに感謝を捧《ささ》げ、自分の体に善きものを選び、美しく盛りつけて食事をとる。このように、食事の場面ひとつとっても、真・善・美を感じられる選択ができる人は、ほかの場面においても同様に振る舞えるでしょう。

当然のことながら、神のエナジーとは真・善・美そのもの。本当の幸せを感じて生きるためには、日々の暮らしのなかで神のエナジーと感応していくことが欠かせません。

②何事にも手間をかけていますか

「本物を得るには、手間がかかる」

それを理解できている人とできていない人とでも、幸・不幸が分かれます。

食べ物を例にとってみましょう。

私は野菜やお米を無農薬でつくっていますが、携《たずさ》わってみてその苦労が身にしみてわかりました。同じ野菜を育てるのにも、農薬を大量に使ってつくるのと完全無農薬で育てるのとでは、かかる手間はまったく違ってきます。

化学肥料や除草剤なども使わず、より自然に近い環境で栽培しようとすると、ときに無謀とさえ思えるほど、手がかかります。けれど、手間を惜《お》しまずに育てるからこそ、おいしくて安全なものを口にすることができます。

確かに、大量生産されるものは手に入りやすく安価です。手間やコストを抑え、大量生産するためには農薬や添加物なども使われているでしょう。誤解を恐れずにいえば、手間をかけない食品を選ぶのは〝毒〟を体に入れるのと同じだと私は考えています。

体にたまった毒を排出するのは簡単ではありません。それならば、はじめから手間をかけて育てられたものを選んで口にしたほうがずっといい。それは何より、あなた自身の心と体を慈《いつく》しむことにつながります。

現代人は、食べ物に限らず、身のまわりのあらゆるものを、惰性でイージーに選んでしまっているように感じます。手間をかけるより、ラクに手に入るものを好むのです。

たとえば、「テレビの通販番組を見ていてつい衝動買いしてしまった」という人もいるでしょう。届いた商品の段ボールを未開封のまま積み上げている人もいるようですが、それは「本当に欲しいものではなかった」ということです。ろくに調べもせず思いつきで買った、すぐ欲しくなって手を出した。そういうものに、神は宿《やど》りません。そこに愛着をもてないからです。

買い物も人生も、浅慮《せんりょ》な行動をとっていると、幸せを逃《のが》します。

③怠惰になっていませんか

神様、つまり神の叡智《えいち》と手をつないでいるか放しているかで、人生は大きく違ってきます。あなたが心を神様にまっすぐ向けていれば、決して〝迷子《まいご》〟にはなりません。ひまわりが太陽に向かって咲くように、神のほうを向いて生きてさえいれば、常にその存在を感じられるはずです。

仮に神様と離れてしまうことがあるとしたら、あなたの心のなかに「怠惰《たいだ》さ」がある証。自分では何の努力もせず、ただ「幸せになりたい」とすがっていませんか？

怠惰には、よこしまな心が宿ります。すると、波長がさらに低くなり、厚い雲で覆われた空のように、ますます太陽が見えなくなってしまうでしょう。

私は今日まで、「願いを叶《かな》えてください」と霊界に頼んだことはありません。そのような祈りは、怠惰さのあらわれだとわかっていたからです。

もし祈ることがあるとしたら、「私の心や努力の向きに間違いがあるなら、どうぞ道をふさいでください。その結果を受け入れます」と伝えるのみです。

人生は、自分自身の努力で切り拓いていくもの。やれるだけのことをやって、それでもうまくいかなかったなら、その結果を私はありのままに受け入れます。

努力もせず、「どうしてうまくいかないのか」と天を恨むのは、怠惰以外の何ものでもありません。

今、あなたが自分のことを不幸せだと思っているのなら、まず怠惰さをなくしましょう。怠惰な土地に、花は咲かないのです。現世という学びの地にせっかく生まれてきたのに、その地を耕《たがや》しもせずにいることほど、もったいないことはありません。

あなたの人生に〝代役〟はいないのです。みずから努力をして幸いをつくり出してください。それが、自分の人生の〝主人公〟であるあなたの役目です。

◇自分の「宿命」を受け入れる

隣の芝生《しばふ》は青く見えるものです。

「○○さんは美人でお金もあって、素敵な恋人がいる。それに比べて私は……」と、自分より優《すぐ》れているところを見つけては「私もあの人みたいに○○だったら」と、うらやんでしまう。

では、本当に何から何まで「その人」になりたいのでしょうか？

表の部分だけを見てうらやんでいるのではありませんか?

美人でお金があって素敵なパートナーがいたとしても、実は人には言えない苦しみを抱えていることもあります。あるいは、美しさを維持するために必死で自分磨きをしているかもしれません。

相手の陰《かげ》の苦労や努力を想像もせず、いいところだけを欲しがるのは〝横着《おうちゃく》〟です。人はとかく外から見える部分にだけ目を奪われがちですが、それも物質的価値観といえます。


「はじめに」でも書いたように、私たちは、この世に生まれてきた理由も、たましいのカリキュラムも、ひとりひとり違います。もって生まれた「器」も違います。自分の容姿、性別、生まれてくる国、両親、場所などすべて、生まれる前にみずから「今回はこの器で学んできます」と決めてきています。それは「宿命」で、変えることができないものです。

生まれもっての性と心の不一致があると、「江原さんは〝宿命〟だというけれど、今はもう性別は変えられますよ」と突っ込みを入れてくださる方が時々いらっしゃいます。ただ、ここで言及しているのは「生まれたときの性別」です。

男性として生まれるという「宿命」を選んできたけれど、心は女性だという人ももちろんいます。けれど、「男性として生《せい》を受けた」という事実は変わりません。厳しい言い方をするようですが、それがその人の「宿命」であり、その「宿命」をもったうえで、性別に違和感を抱くというカリキュラムを自分でチョイスしてきたということなのです。

「宿命」は、ケーキでいうと〝スポンジ（素材・土台）部分〟にあたります。そして「運命」はデコレーションの部分です。スポンジにどんなデコレーションを施《ほどこ》していくのかが人生の学びです。

神様に愛されて幸せになれる人は、自分の器、自分のスポンジを受け入れています。たとえパサパサのスポンジという「宿命」だったとしても、洋酒に浸《ひた》すというアレンジを加えれば、おいしいサバランになる。創意工夫と努力によって、もって生まれた土台を生かし、極上の味に仕上げることもできるわけです。それが、「運命」を切り拓く生き方なのです。

◇他人と比べず、自分のフィールドを生きる

他人と比べる人が幸せになれないのは、自分の素材・土台を無視しているからです。「あの人はシフォンケーキだから、スポンジがフワフワでうらやましい」と妬んでいるとしたら、視野が狭すぎます。もしかしたら、シフォンケーキはシフォンケーキで「誕生日ケーキにはなれないし、見た目も地味で嫌《いや》」と思っているかもしれません。

「神様のほうを向いて生きる」とは、「自分自身を見る」ということです。自分にないものをもっている人に羨望《せんぼう》の眼差《まなざ》しを向ける前にまず、自分自身という素材・土台をしっかり理解して、受け入れましょう。

もっとも、かくいう私も、若い頃はないものねだりをしてしまうこともありました。

霊能者というのは霊界のために働く〝道具〟のようなものです。

霊的真理を伝えたい思いが強いあまり、「あれもやりたい、これもやりたい」と活動を広げた時期もありました。けれど、自分の身ひとつでできることは限られています。

また、霊能力をもっていようがいまいが、この現世を生きている以上、肉体をもっていますから、命は永遠ではありません。「やりたい」と思っても、体力的に無理なこともあります。

どんなに頑張っても自分に備わっている器以上のことはできないし、人の一生でできることなどそれほど多くはないと、ここまで歩んできて痛感しています。

人生は、あっという間です。たましいを進化・向上させるために、あなたは何度も「再生」をくり返しますが、あなたの今生はこの一度きりです。

私はよく「ボヤボヤしていたら死んじゃいますよ」と講演会でも伝え、会場ではいつも笑いの渦《うず》が巻き起こります。けれど、これは真理なのです。

人と比べたり、誰かを妬んだりしている時間などないのです。

◇宿命を輝かせる生き方ができる人

私が敬愛するマザー・テレサも、神に向かって生き、〝天が望むところ〟で働いた方です。マザーはもともとインドのカルカッタで教師として働き、何不自由ない暮らしを送っていました。それがあるとき、汽車のなかで神の声を聴いたのです。

「すべてを捨て、最も貧《まず》しい人のために働きなさい」と。

その天啓（天の啓示）を聴き、そこから奉仕の生き方を実践されました。

のちに「自分だけの想いだったらできなかった。神の声を聴いたから、やらざるを得なかった」と語っていますが、神様のほうを向いて一生懸命生きる人に天啓がもたらされることに、何の不思議もありません。

ただ、神の声というのは、聖人のような特別に選ばれた人にだけ届くものではありません。本当に必要なことは、どんな人にもきちんとわかるかたちで伝わります。

ところで、マザー・テレサの生涯は、まさに波瀾万丈《はらんばんじょう》でした。聖人として敬《うやま》われ、今も多くの称賛を浴《あ》びていますが、実はさまざまな迫害も受け、闘ってこられた人生でもあったのです。どんな人の人生も、光ばかりではありません。光と闇、幸せと不幸せを味わうからこそ、深みが増すものです。

マザーのエピソードのなかで好きな話があります。マザーは世界中を飛び回るため、よく飛行機を利用したそうですが、「目的地に到着するまでのあいだ、私が機内で働きますから、飛行機代をタダにしてください」と頼んだというのです。

当然それは叶わないリクエストだったようですが、余った機内食を譲り受けて、孤児たちに食べさせてあげたという話もあり、私はマザーの機転とアイデアに心から感服しています。あまたの苦労があっても、それに勝《まさ》る実行力があり、豪胆ともいうべき「人間力」があったのだと思います。

闇を乗り越え、光の道を歩むことができたのは、自分の手で人生を切り拓き、強く歩む覚悟があったからだと感じるのです。

あなたも幸せになる道を歩みたいのであれば、自分で自分の生き方を変えるしかありません。誰かをうらやんだり不幸を嘆いたりするのは、時間の無駄。あなたにはあなたの輝けるフィールドが必ずあります。あなたは自分が一番輝けるフィールドを選んで生まれてきているのです。

自分の器を受け入れ、それを輝かせる努力をするほうが、より早く幸せに近づけます。

自分の器を受け入れることが、神様のほうを向いて生きるということなのです。

スピリチュアリズムから見た「神様」とは

あなたにとって「神様」とは、どのような存在でしょうか。

人生のピンチに直面したとき、「助けてください」と祈る対象でしょうか。あるいは、うまくいかないことがあるとき、「なぜ神様は何もしてくれないのか」と不満を向ける苦情受付窓口でしょうか。

神様に愛される生き方を知るためにこの本を手に取ったあなたですから、きっとその存在は信じていることと思います。

ただ私は、そのような人の多くが「神様とはどのような存在なのか」、よくわかっていないように感じます。確かに国や宗教によって違い、さまざまな神観《かみかん》が存在しますから、それも仕方のないことかもしれません。

たとえば、日本には「八百万《やおよろず》の神」という言葉があります。それこそ神話の昔から、日本人はあらゆるもののなかに神を見出《みいだ》してきました。森羅万象《しんらばんしょう》のすべてに神様のエナジーが宿っているという考え方です。海、風、太陽などの自然を崇拝するエナジー信仰もそのひとつで、道端《みちばた》の小石ひとつにも神を見出すことができるのが日本の神観です。

また、専門的な表現になりますが、神道《しんとう》でいうところの神とは、「畏《おそ》れ多く畏《かしこ》きもの」です。

「畏れ多く畏きもの」ですから、極端な話、盗人《ぬすっと》の人間離れした技にも神が存在することになります。ほかにも、オリンピック選手が驚異的な記録を残すさまに、多くの人が感嘆し、「神業《かみわざ》だ！」と感動しますが、それはまさに神がかった一瞬のきらめきといえます。

では、スピリチュアリズムの視点から見た「神」とは何か。

スピリチュアリズムから見た「神」とは、すべてを知り尽くす存在で全知全能の叡智そのもの。法則であり、摂理であり、真理です。そして、神というのは、端的にいうならば、「最高級の自然霊」のこと。

自然霊とはこの世に姿をもったことのないたましいで、未浄化《みじょうか》な低い自然霊から高級な自然霊までさまざまな段階があります。私たちに宿るたましいは最初から「人霊」だったわけではなく、人霊の前に自然霊として肉体をもたず、現世にいた時期があり、たましいの進化、霊性の向上という学びを歩んできています。

叡智を備えている神は、すべてのたましいの向上を望み、より高き進化と調和をめざしています。大いなる調和をめざす神は、いわば霊的価値観による利己主義です。しかし、現世を生きる私たちのような物質的価値観による利己主義ではありません。ですから神は、個人的な願望を叶えてもらうことを求めたりする対象ではないのです。

また、スピリチュアリズムの視点から見た「神」と、宗教における「神」は、まったくの別物です。

どう異なるかを理解するには、「グループ・ソウル（類魂《るいこん》）の法則」を知っておく必要があります。少し難しく感じる人もいるかもしれませんが、イメージをふくらませながら読み進めていってください。

「神」と私、ではなく「私」と私

あなたは現世に来る前、たましいの故郷である「グループ・ソウル（類魂）」のなかに溶け合っていました。類魂をコップに入った一杯の水と考えてください。

そのコップに入った水は少し濁《にご》っています。そこから〝一滴〟、生まれ落ちたのが今のあなたです。あなたの前にもあとにも水が一滴ずつコップから出て、現世でさまざまな経験をし、浄化されてまたコップに戻り……という進化・向上をくり返しているのです。つまり、あなたの前世（過去世）も来世も、同じコップのなかにあります。類魂の最終目標は、コップのなかの濁った水を無色透明の清らかで美しい水に変えること（＝たましいの浄化向上）です。

そして、いつもあなたを見守っている守護霊《しゅごれい》（ガーディアン・スピリット）という存在も、このコップのなかに含まれています。

ですが、この守護霊も特別に何かしてくれるわけではありません。言葉の響きから、「自分を守ってくれる存在」と考えられがちですが、守護霊はおもり役ではなく、〝たましいの親〟のような存在。あなたが転ばないよう、足元の障害物を取り除くようなことはしません。むしろ、「獅子はわが子を千尋《せんじん》の谷に落とす」という言葉があるように、ときにはあえて転ばせることさえあります。

「もとはコップのなかでひとつに溶け合っていた」ということから想像がつくかもしれませんが、霊的視点で見れば、実は守護霊は「あなた自身」でもあるのです。

たましいを向上させ、濁った水をきれいにするため、あなたの成長を〝わが事《こと》〟として見守り続けています。転んだとしても手出しはせず、あなたが自分で起き上がってくるのを待っているのです。

あなたはひとつのコップ（類魂）から生まれてきましたが、同じようなコップが霊界には無数にあるとイメージしてください。そして、それらを大きく包み込むように、神（大霊）のエナジーがあるのです。

多くの宗教では、「神」と「私」に分かれています。ゆえに、「神様、助けてください」とすがる対象にもなりうるわけですが、スピリチュアリズムの視点では、「私」と「私」。神もまた、あなたという〝自分〟を成長させたいと望んで、あなたの現世での奮闘を見守っているのです。

すべての人を平等に見守る大きな存在

昨今、「神様がこっそり教えてくれた」「神様とつながる」などといって、神様の声を伝える人もいるようです。

しかし、私はそうした神観にはイエローカードを掲げています。神様に何かお願いしてメッセージをもらったり願いを叶えてもらおうとしたりするのは、神様と「コネ」をつくり、自分だけが幸せになろうとする考え方だと思うからです。

もとより神は日常の個人的な問題に口出しするような存在ではありません。先述した通り、あなたのたましいの進化・向上をひたすらに望み、「つまずきさえも意味ある経験」と、見守っているのです。

子どもの頃に空想して楽しんだ絵本のなかの世界でなら、「神様にお願いしたら○○してくれた」と信じるのもいいでしょう。

でも、大人になってまでそんな夢夢《ゆめゆめ》しいことを信じているのは幼稚な発想といわざるを得ません。百歩譲《ゆず》って、多くの人がイメージするような「神様」が存在したとしても、誰か特定の人に向けてこっそり声を届けることもありませんし、ましてや神社をハシゴし、たくさんお守りを持っている人を「熱心だ」とほめてサービスしたりもしません。

「あなたは信心深いから、特別に願いを叶えましょう」などと神様が選《え》り好《ごの》みしたらおかしいでしょう。スタンプラリーのようにたくさんお参りした人のほうが幸せになれるとしたら、あまりにも理不尽な話です。

神はどのような人をも平等に見守る存在。パワースポットには行かなくても、毎日必死に働き、一生懸命もがきながら生きている人にも必ず光を注ぐ、それが神という存在なのです。

あなたはなぜ生まれたのか

あなたが幸せな人生を送るために、大前提として覚えておいてほしいことがあります。それは、「あなたはたましい（スピリット）の存在だ」ということです。

現世に生まれてくると誰もがみな肉体をもつので忘れてしまいますが、私たちは肉体だけの存在ではありません。肉体と霊魂《れいこん》、すなわちスピリット（心・精神）が折り重なって生きています。その存在が物質界を生きるあなた自身なのです。そしていつか死を迎え、肉体を失ってからも永遠に生き続ける存在です。

あの世というのは、霊的な世界。目には見えないスピリチュアル・ワールドが存在していて、私たちはみなそこからやってきました。

スピリチュアル・ワールドは非物質界で、「心のあり方がすべて」の世界です。時間も距離も超《こ》えて肉体としての制約はなくなり、病気にもかかからず、お金の苦労もありません。現世の尺度である「物質的価値観」から見れば、スピリチュアル・ワールドにいたほうがよほど「幸せ」だと感じるでしょう。

しかし、その幸せを手放してあなたはこの現世にやってきました。忘れているかもしれませんが、みずから望んで生まれてきたのです。

それはなぜか。ひと言でいうなら、現世でままならないことをたくさん経験して、たましいを磨くため。人生を通して、喜怒哀楽さまざまな感動を味わうために生まれてきたのです。そして私たちがこの現世に生まれてきたのは、愛を学ぶためでもあります。霊界からあえて現世という修行《しゅぎょう》の場にやってきたのは、本当の愛とは何かを知るためです。私たちひとりひとりがもっと愛をもって生きることができれば、みな幸せに生きることができます。もちろん、ここでいう愛とは「物質的価値観」の愛ではなく、大我《たいが》の愛（利他《りた》愛）の実践です。

現世で愛を学び、やがて懐《なつ》かしい故郷に戻ると、たましいの家族のもとに帰ります。「グループ・ソウル（類魂）」に溶け合うのです。そこであなたがしてきた経験と感動を分かち合い、学び足りないところや磨き足りないところがあれば、再びこの世に生まれてきます。

このように、たましいを進化・向上させることを目的に再生をくり返し、いつの日か〝大いなる愛〟である神のエナジーに統合されていきます。もとはといえば、あなたもこの〝大いなる愛〟、神の一部分なのです。

時がすべてを見定めてくれる

「あなた自身が神の一部分」といわれても、にわかには信じられないかもしれません。「自分が神様だというなら、どうして毎日試練の連続なのか」と疑問も湧《わ》くでしょう。しかし、今この瞬間の目の前のことだけを見て苦しむのではなく、もっと長い目で見ればあなたもわかるはずです。

試《ため》しに、あなたが今日まで生きてきて、「本当に苦しかった」「つらかった」と思う出来事を何かひとつ思い出してみてください。仕事の失敗でも失恋でも何でも構いません。

それは今も、絶え間《ま》なくあなたの胸を締めつけ、苦しめていますか？

どんな悲しみも苦しみも〝時間ぐすり〟で、思い出へと昇華できていませんか？

時がすべてを見定めてくれるのです。

「あのときは悩んで苦しい思いもしたけれど、今考えればいい経験だった」「あのとき大変だったから今の幸せがある」……そんなシーンが人生にはいくつもあるはずです。これまでの経験のすべてが、自分の人生を花開かせる栄養分となるのです。

若い頃には見えていなかったことが、歳を重ねて人生経験を積めば、「あの苦労にもちゃんと意味があった」と得心《とくしん》がいく。そういうものです。

時間がたっても恨みや憎しみ、悲しみにとらわれて、「私は不幸ばっかり！」と不満を口にし、嘆き続けるのは、自分から神様の手を放しているようなものです。

つらいとき、苦しいときは、自分が神の一部分であることを思い出してください。そして「こんなことくらいで、くじけるものか！」と自分を鼓舞《こぶ》していれば、いつの日かきっと障壁《しょうへき》を乗り越えることができます。

人生は、光と闇。闇のように暗いときがあるからこそ、光が差し込むありがたさを感じられるものです。神の法則にそって生きていれば、ずっと闇のなかということは絶対にありません。どんなに長く暗いトンネルも、やがて出口に差しかかり、光が入ってきます。

あなたには無限の可能性があるのです。何をしてもうまくいかず、立ち止まってしまうとしたら、ただ「法則」という正道からそれているだけにすぎません。

第3のルール

神様のギフトに気づく

なりたい自分をイメージする、小手先で生きない

第2のルールで「自分の器を受け入れ、それを輝かせる努力をすることが幸せの近道」とお伝えしました。そこに目を向けず、あるいは気づかず、ほかの人がもっている宝をただ「うらやましい」と眺めていては、いつまでたっても幸せにはなれません。

才能であれ顔かたちであれ、あなたにはあなたにしかない宝があるのです。まず、それを知ることが「神様のギフト」に気づく第一歩です。

人生は〝ビュッフェ〟のようなもの。

レストランやホテルのビュッフェには、サラダからメインディッシュ、ごはんや

飲み物、果物《くだもの》、デザートに至るまで、おいしそうな料理が種類豊富に並んでいます。その店ごとに個性がありますし、地方の名産を使ったオリジナルメニューを売りにしているところもあります。北海道ならイクラ、東北なら芋煮、四国ならうどんなど、「これが自慢」というものがあるものです。

あなたが天からいただいたギフトは、イクラかもしれないし、芋煮かもしれない。どちらも名産で、優劣をつけられるものではありません。イクラのほうが宝石みたいでいいなと思う人もいれば、芋煮はじっくり味がしみておいしいと思う人もいるでしょう。感じ方も人それぞれ。どちらが幸せでどちらが不幸ということはありません。

私たちは、みな磨けば光る原石です。それをいかに磨くかが、あなたの人生の課題なのです。

あなたには、あなたにしかない宝が必ずあります。

ビュッフェの花形・ローストビーフは「幸せ」で、お漬物《つけもの》は「不幸」。そんなふうに見た目で判断するとしたら、それは物質的価値観にとらわれています。

モーニングビュッフェであれば、漬物でお茶漬けにして朝ごはんを締めるのもアリでしょう。人生という名のビュッフェも、あなたのギフトをよく知っていれば、最適な見せ方があり、宝を光らせる演出もできるものです。

神様からギフトが与えられていない人は、この世にはひとりもいません。

あなたは自分の宝に気づいていますか？　宝の持ち腐れになっていませんか？

◇幸せになるのが下手な人

ところで、ビュッフェで料理を選ぶとき、あなたはとりあえず目についたものからお皿に取っていませんか？　あるいは「元を取らなきゃ！」と、お皿からあふれんばかりに料理を盛っていませんか？

実は、幸せになるのが下手《へた》な人は、実際のビュッフェでも無計画に料理をお皿に盛って、バランスが悪い仕上がりになりがちです。見た目もイマイチですし、せっかくの料理もきちんと味わえないのではないでしょうか。

また、お腹の空き具合を考えずに無茶な取り方をしてしまえば、食べすぎで苦しくなります。きちんと自分のキャパシティを理解しておくことも大事です。

ビュッフェも、自分できちんと思考して選べば、たとえ「今ひとつおいしくなかったな」と思っても自己責任で受け入れることができます。とりあえず選んだり、誰かの受け売りで選んだりしてしまうから食べ切れずに残したり、不満が残ったりするのです。

ちなみに、私がビュッフェを利用するときは用意周到《よういしゅうとう》、慎重に考えて計画を練ります。はじめに必ずすべての料理を見て回ります。目立つメニューだけを見てチョイスしたりはしません。

全体をひと通り見て、何があるかを把握し、そのうえでバランスよく取っていきます。その日の予定を思い浮かべ、「あまり食べすぎないようにしよう」と気をつけたり、彩《いろど》りも考えたりしながらお皿に盛りつけます。

人生の選択も同じです。

パッと見てよさそうに見えるものや派手な見た目のものにすぐ飛びつくと、思わぬ落とし穴にハマってしまうことがあります。奥深く見て本質を見きわめましょう。

幸せを感じる日々を送るか。それとも心を不満でいっぱいにして「不幸だ」と嘆き続けるか。人生というビュッフェの盛りつけも、あなたのセンスとチョイス次第です。日頃から審美眼を養い、感受性のアンテナを伸ばしておくことも、幸せになるためには欠かせません。

◇「くやしさ」という感動のバネ

私は18歳のときから歌の道を志《こころざ》していましたが、音楽大学の別科に入学したのは30代になってからのことです。両親と死別し、アルバイトで生計を立てていた10代の私には、経済的な余裕はありませんでした。当時の先生からは、「江原君、お金も才能のうちですよ」と言われ、なにかとお金がかかる音楽の世界は、あきらめざるを得なかったのです。

その後、結婚して子どもが生まれ、息子が音楽を習い始めたのを機に音楽への思いが再燃して、学びの門を叩《たた》いたのです。一度あきらめた道も、自分自身で道を切り拓くことはできる。何歳からでも学べると身をもって知っています。

今なお、私はオペラ歌手として舞台に立ち続けています。ただ、歌の世界においても私の道は波瀾万丈で、「〝スピリチュアル〟なんて言っている人とうちでは客層が違う」などと言われて出演を断られたこともありました。けれど、そこで味わったくやしさという〝感動〟をバネに、あきらめずに舞台に立ち続けてきたことで、それからいくつもの夢が叶いました。

反骨精神が私を奮《ふる》い立たせ、いろんな後押しもあって、かつて理不尽に門前払いされた舞台にも立ちました。何事も、「継続は力なり」です。

「よい声をもっている」と言っていただくこともありますが、声もある意味〝神様からのギフト〟ですから、感謝して大切に使っています。

舞台の幕が上がるまでに曲を覚えることももちろん大変ですが、何より最後まで声を維持していくのは本当に神経を使います。

声帯は文字を黙読《もくどく》するだけでも動きますから、書籍や雑誌などの仕事を並行しながら準備するのは、実際なかなかハードなものなのです。いわずもがな、風邪《かぜ》などをひかないようコンディションを整えることには常に気を配っています。

◇「奇跡」にはきちんとした理由がある

そうやって入念に準備をしていても、これまでに何度か本当に窮地《きゅうち》だといわざるを得ない状況下で本番を迎えたことがあります。おそらく歌を歌う職業の方なら同じようなピンチを味わったことがあるのではないでしょうか。

けれど、本番までのあいだに精一杯努力し、準備をしてきたことが支えとなって、無事に乗り越えることができました。「火事場《かじば》の馬鹿力《ばかぢから》」ではありませんが、人間、究極の窮地に追い込まれたときに、〝たましいの底力〟がものをいうのです。

結局のところ、自分がやってきたことがそのまま、結果となって表に出るのです。奇跡的に助かったというときや、窮地を乗り越えられたと思うとき、確かに霊界の見守りはあります。けれどそれも、それまでにあなたが努力していなければそのような奇跡は起こりません。

物事はどんなことも、自分がまいた種（因《いん》）が結果に結びつくのです。途中であなたを支えてくれる人に出会ったり、悩んでいた問題が解けるヒントがもたらされたりすることがあったとしても、それも自分がまいた種が縁を結んで、引きよせたにすぎません。どんなに才能があっても、努力という種をまかなければ伸びる芽はなく、花も咲かないのです。

その人にとって必要以上にいいことも、悪いことも起きない。
これこそが、神の摂理が存在する証です。

何か大事なイベントがある日に体調を崩し、ベストパフォーマンスを披露《ひろう》できなかったとしても、決して災厄ではありません。

無念かもしれないし、くやしいかもしれない。けれど、それは神様があなたに「今までのやり方を見直して、軌道修正するように」と示されているのです。そのことを前向きに受け止めてください。そのときは不運と思えたことも、神様からのギフトだったということに気づけるはずです。

◇神様のトスに気づく人、気づかない人

霊的価値観と物質的価値観。そのどちらを軸に据えるかで、物事の見え方はまったく異なってきます。

わが身に降りかかった災難を嘆き、自己憐憫に浸り続けている人は、物質的価値観の視点で物事を見ています。霊的価値観を軸に据えて考えられる人なら、こう思うでしょう。

「災難にも意味があるし、何かあるのが人生だ」と。

何もない平坦《へいたん》な道を歩き、転ぶこともなく、穏やかにつつがなく過ごすのを「幸せ」と思うのは、物質的価値観なのです。

起伏に富んだ人生を通して、私たちはそれぞれにたましいを磨いていきます。苦難や試練があるのは、みずからが望んだ人生の醍醐味《だいごみ》なのです。

人生はドラマチックで、喜怒哀楽いろいろな場面を織り交ぜて綴《つづ》られていく物語です。ときには、とても乗り越えられそうもないと思えるような試練がやってくることもあるでしょう。それは、実は〝神様のトス〟です。

バレーボールをイメージしてください。アタックを決めやすいよう、いい位置にトスを上げるセッターがいますよね。神様というのはまさに、名セッター。人生というゲームをセットアップする役割を担《にな》っているようなものなのです。

神様のトスは、必要なときに必要なだけ上げられます。本のなかでふと目に留《と》まった言葉、友達が何気なく口にしたこと、映画のワンシーンなど、いろいろなかたちで、あなたの元に届いているはずです。一見それは偶然に思えるかもしれませんが、すべて必然で意味があるのです。


ただし、自分でその意味合いを考え、吟味《ぎんみ》することを忘れないでください。みずからの経験則と照らし合わせ、取捨選択することが大切です。

霊界が、自己中心的（小我《しょうが》）な欲を満たすようなメッセージを送ってくることは絶対にありません。

もし、その手の神の声が届いたとしたら、まがいもの。自分に都合のいいメッセージが欲しいと望む、あなたの小我が見せた妄想です。

◇予言を正しく受け取るには

メッセージといえば、私はかれこれもう20年ほど、雑誌や講演会などを通して「翌年がどのような年になるか」という予言を伝えています。

そこで私は霊界からのメッセージとして、「食糧難」について以前から言及し、警鐘を鳴らしてきました。この本を書いているまさに今（２０２４年晩夏）は、米不足が深刻化して、米の値段も上がり大騒ぎになっています。

こうしたメッセージは、私自身が頭で考えた言葉ではありません。霊界から伝わってくる言葉（霊言）で、必要なことのみが与えられます。

台風や地震などの痛ましい大災害が起きるたびに、

「神も仏もあったものじゃない。江原さん、霊界からメッセージを聴けるというなら、どうしてもっと明確に教えてくれないのですか？　はっきりわかっていたら、救える命があったはずなのに」

と、怒りの矛先《ほこさき》を向けられることもあります。

けれど、霊界からの言葉は、あくまでも私たちの〝気づき〟を促《うなが》すもの。

個々人がきちんとメッセージを咀嚼《そしやく》し、どう受け止めるかを「自分で考える」ことが求められるのです。神はあなたの考える力を奪うようなことはなさいません。

予言を発信しはじめた20年近く前から今日まで、ここではそのひとつひとつを列挙することはいたしませんが、過去の書籍等を読み直してもらえれば、十分なエビデンスとなっていることがおわかりいただけるでしょう。


神様のトスに気づくかどうか、打ち返すか無視するか、結局、ひとりひとりの意識のもち方次第です。予言ひとつとってみても、自分の都合のいいように解釈したり、まったく聞く耳をもたなかったり……。小我が邪魔をしてしまうと、正しく受け取ることができなくなるのです。

◇夢を叶える「念力」とは

「神様が上げるトスを打ち返すのも無視するのもあなた」と言ったように、どんなときも、人生の創造主は自分自身です。霊界が道を定めて、「左に行きなさい」「右のほうがいいでしょう」などと教えてくれるわけではありません。

また、誰かに幸せにしてもらおうと願うのは、先ほどのビュッフェのたとえでいうなら、誰かに代わりに料理を取ってきてもらうようなもの。自分がおいしいものを食べたいなら、自分で取りに行って、自分で選ぶ必要があります。自分が食べたいものは自分で選ぶのが一番です。

願いを叶え、人生を切り拓くのはあなた自身です。

そこを勘違いして神様頼みになってしまうと、依存心の塊《かたまり》になり、その依存心が怠《なま》け心を生《う》んで、負のスパイラルに陥ってしまいます。

人生を切り拓くために、自分で考え、動く。そのときに重要なのが、〝みずから矢を放《はな》つ意識〟をもつということです。

ここでいう矢とは「念力《ねんりき》」です。

弓道《きゅうどう》は矢を放って的《まと》を射る競技ですが、自分で自分の人生を切り拓くには、まず、自分はどの的を狙うのかを見定める必要があります。それが決まっていなければ念力も生まれません。

またこのとき、先述したように他人と比べるのはナンセンスです。他人様の的を狙ったところで意味がないからです。

あなたの思いの矢は、今、どの的を狙っていますか？　矢を放つために、未来のビジョンを固めましょう。

5年後、10年後、あなたはどこで何をしていたいか、明確にイメージできますか。どんな家に誰と住んでいるか、ひとりか、家族がいるのか、どんな仕事をしているのかなど、できる限り具体的な青写真を描《えが》いてください。

途中で計画を見直しても構いません。まずは少し先の未来を想像してみましょう。

思い描いた方向に向かってみたけれど、道半《なか》ばで挫折《ざせつ》するということもあるかもしれません。そのときは、「自分には、思いの矢を放ち続けられるほどの情熱がなかったのだ」と知るでしょう。本気の覚悟と信念がなければ、ひとつの道を貫《つらぬ》き通すのは難しいのです。

船を停泊させるためには錨《いかり》を下ろしますが、未来のビジョンを固めることは、これに似ています。思いの矢を的に向けて放つためには、「将来、こういうふうになりたい」という強い意志をもって、錨を下ろして的を固定しておく過程が必要不可欠なのです。

◇思いが行動をつくる

私の高校時代の同級生は、今や日本を代表するファッションデザイナーになっていますが、お互い大学に通っていた頃までは交流もあり、ふたりでよく将来の夢を語り合っていました。

彼はその時分からオシャレが好きで、ファッションに情熱と愛を注いでいました。時には、「プーヤン（当時の私のあだ名）、これ、着ない？」と、彼が買ったオーバーサイズの服を安く譲り受けたこともあります。今も懐かしい思い出ですが、私は彼がファッションの道に進んだことをのちに知っても驚きませんでした。

彼は彼で、当時私が霊障に悩まされていたことをよく知っていましたし、私の部屋に遊びにきたときに霊現象にも遭遇していました。

どうやら彼の将来につながる霊視もしていたようで、よほどインパクトが大きかったのか、あるいは霊視が的中していたのか、つい先ごろ再会したとき、40年以上前のことなのにその内容をはっきりと覚えていました。

今思えばふたりとも、「この先、どうやって夢を叶えていくか」を若い頃から模索していました。お互いにそれぞれの道でしっかりと思いの矢を放っていたからこそ、今があるのだと思います。

あなたも叶えたい夢や目標があるなら、それを言葉にしてまわりに話すといいでしょう。曖昧《あいまい》にしか話せなかったり、言葉が出てこなかったりするときは、まだ詰めが甘く、思いが中途半端なのです。

言葉にして伝えていれば、どこかでその目標に近づく出会いがコーディネートされたりもします。まわりからの助力が得られるなど、縁がつながることもあります。

最終的に夢を叶えるのはもちろんあなた自身ですが、いろいろな種まきをしておくのはおすすめです。

第4のルール

神様に愛されなさい

愛の電池を充電する、まわりに依存しない

幸せになれるかどうか、それには「自律（自立）できているかどうか」も重要です。

たとえば現代社会では「ストレス」という言葉をよく耳にします。ストレスにさらされ、今日をどうにかやり過ごすだけで精一杯。明日のことなんて考えられない。そういう人も多いように感じます。

ただ、私は以前から「ストレス」という言葉そのものに疑問を呈しています。その言葉を免罪符《めんざいふ》にして、現実を見ることから逃げているのではないかと感じているのです。

「仕事のストレスが原因で会社を辞めました」と言えば、まわりの人は「それは大

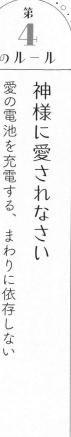

変だったね」と慰《なぐさ》めてくれるかもしれません。「その程度のことでストレスだなんて、あなたは心が弱いんですね」などと言おうものなら、このご時世、即パワーハラスメントとみなされてしまいます。

そのため、「ストレス」といえば、なんとなく触れづらい空気になっていく。ですが、実際は本人もまわりの人も、曖昧な「ストレス」というワードでごまかし、ごまかされている状態に過ぎません。

◇ストレスは自己分析のいい材料

何があなたのストレスなのか、明確に言葉にして、原因を分析しましょう。

次のステップで、自己分析してみてください。

「仕事がストレスだ」というなら、仕事の何がそれほどあなたを追いつめているのかを内観してみます。

「毎朝、満員の通勤電車に乗るのがつらい」と言語化できれば、問題を解決するために策を練ることもできます。時差通勤をするとか、職場まで徒歩や自転車で行ける距離に引っ越すとか、リモート勤務ができるところにジョブチェンジするなど、選択肢が出てくるでしょう。

私は、ストレスを言語化するのは、いわば〝自己分析〟の訓練法のひとつで自律（自分を律すること）につながると思っています。それによって何が起きても常に一歩引いた目で自分を見つめることができるのです。

自分のことを客観的に見られれば、うまくいかないことがあっても、そこから問題点をあぶり出すことができ、〝正しい道〟へとみずから軌道修正することができます。

「幽霊《ゆうれい》の正体《しょうたい》見たり枯《か》れ尾花《おばな》」という有名な句がありますが、これは、幽霊に見えていたものが実は枯れたススキだったとわかったという意味です。

どんなものでも、正体がはっきりしないものは怖く思えますが、何かわかれば、

「ああ、なんだ、そういうことか」と納得できるものです。ストレスも言語化して分析し、はっきりさせれば、次にどう動けばいいか見えてきます。

「とにかく苦しいんです」などと曖昧模糊《あいまいもこ》としたニュアンスで自分を表現するのではなく、「人員不足でオーバーワークになっていて、労働時間を超えて働きすぎているのが原因です」と言えば、雇用主としかるべき交渉をすることができます。

またもし職場で嫌な上司がいて、いつも理不尽なことで叱《しか》られているというなら、その事実をさらに上の立場の人に訴え、適切な処遇改善を求めることもできるでしょう。

◇嫌な相手が教えてくれること

ここで今、自分のまわりにいる嫌な人に対してスピリチュアルな方法での解決策を求めていたとしたら、拍子抜けするくらい現実的な対処法だと感じたかもしれません。

もちろん、スピリチュアルな方法で嫌な人を撃退したいと言われれば、方法がないわけではありません。

けれど、それとてきちんと深い内観をしたうえで実行に移すべきこと。スピリチュアルな対処法は、あなたの依存心を助長させる〝魔法〟であってはならないからです。

内観して、自分のなかに過《あやま》ちがないかを見つめ、もし思いあたることがあればそれを正す素直さが必要です。人間関係に悩んでいて、それがとうてい太刀打《たちう》ちできない相手だとしても、その人と出会ったこと自体が「類は友を呼ぶ」で、あなたの波長が引きよせた結果だからです。

この「波長の法則」には、嫌なところを含めて自分にそっくりの〝表映《おもてうつ》し〟と、自分にはないところをもっている相手から学ぶ〝裏映《うらうつ》し〟があります。

いつも強い口調であなたに命令してくる上司がいたとしましょう。あなたは控えめな性格で自分の言葉で言い返せず、ストレスを感じているとします。

この場合、〝裏映し〟で引きよせた人間関係だと分析できます。

要するに、その上司は、「ときにははっきりと主張することも大事だ」と、教える役目を引き受けてくれているのです。こういうふうに、嫌な相手からも学びとることができれば、あなたのなかに新しい視点が生まれるでしょう。

◇苦しいときこそ、神に近い心境で過ごす

先述したように、スピリチュアルな方法で嫌な相手を撃退することは可能です。まずその人の写真（写真がなければ名前を書いた紙）を用意します。それに向かって「理不尽な迷惑行為はやめてほしい」と語りかけ、その写真や紙を座布団《ざぶとん》やクッションのなかに入れて、その上に座ります。これは、相手の動きを止める「念力法」です。

ただし、これはあくまで補助的な方法で、やれるだけのことをしてもなおうまくいかないときに、相手のたましいに働きかける秘儀です。

ここで大事なのは、あなたの念力。理不尽なことに負けない！　という強い気持ちがあれば、秘儀を試したあと、現実的にも相手に毅《き》然《ぜん》と向き合えるようになっていくでしょう。

かわいそうな自分を神様に救ってもらうのではなく、あなたという神が、〝自分〟を救うのです。スピリチュアルな方法を用《もち》いるときであっても、停滞する事態を動かすのはあなた。みずからの念の力であると心得ましょう。

いうまでもありませんが、これは呪いの秘儀ではありません。嫌な相手を撃退するといっても、相手を憎んだり恨んだりするための方法ではないので、悪用はしないでください。悪用すれば当然、悪しきカルマとなって自分に返ってきます。

苦しいと感じているときこそ、神に近い心境で過ごしてください。たましいが落ち着く清らかな音楽などを流して、生活態度も規則正しく美しいものにしていきましょう。

心を神様のほうに向け、明るく暮らすこと。そうやって、自分の波長を高めていくことが必要です。乱雑に散らかった部屋で内観しても秘儀を試しても、現実がよいほうに変わっていくことはないでしょう。神様に愛されたいのなら、愛されるにふさわしい心境を整えていくことです。

◇自分の居場所を祓い、浄める方法

神のエナジーを宿して、その愛を感じ、幸せに生きたいのなら、みずからの居場所を清らかに整えるのは大前提です。

神様に愛されるためには、自分でその環境をつくっていく必要があるのです。

そういわれても、何から手をつけたらいいかわからないという人もいるでしょう。

神様に愛される環境をつくるとき、毎日の暮らしですぐに取り入れることができるのは「掃除」です。

あなたは「斎庭《ゆにわ》」という言葉を知っていますか？　斎庭とは、神社の聖域のことであり、「神様を祀《まつ》るために祓《はら》い浄《きよ》められたところ」を指します。この「斎庭」をあなたの家や職場など、普段過ごす場所につくっていきましょう。

あなた自身が「神の一部分」だと先述しましたが、あなたは「神のエナジー」を宿すにふさわしい環境で過ごせているでしょうか。その視点で、普段の暮らしや生活空間を見直してみてください。

私自身は毎日掃除をすることがまったく苦になりません。それはまさしく「斎庭」を整えるという意識が根底にあるからです。そのうえで、自分自身が少しでも心地よく感じる空間や環境で過ごしたいと思っています。

「毎日忙しいから、部屋の隅《すみ》にあるゴミはとりあえず見て見ぬふり」という方もなかにはいるでしょう。それがその人にとって心地いいなら、それでも構いません。

けれど、見て見ぬふりをしているという時点で、「本当は片づけなくてはいけない」と思っているはずです。ならば、少しずつでも掃除をすればいいのではないでしょうか。

ホコリがたまっているのは、本当に部屋の隅、家のなかのことだけですか？　実はあなたの人生にもゴミがいっぱいたまっていて、目を背《そむ》けているのではありませんか？

ホコリをかぶったままのものを持ち続ける人生は、もったいないことです。磨けば輝くものがあるのにその手間を惜しみ、努力を放棄《ほうき》していては、幸せになる道はまだまだ遠いでしょう。

◇神様に愛されるのが苦手な人

これまで私はさまざまな相談者の話を聞いてきましたが、なかには「神様に愛されるのが苦手なのだな」と感じる人もいます。

何をするにもすぐにあきらめてしまい、「どうせ私なんてダメ」と悲観的になりやすいタイプです。もしかしたら過去にひどい裏切りにあって、人間不信に陥っているのかもしれません。幼少期に親からの愛を注がれず、「愛を期待するだけ無駄」とあきらめグセがついてしまっているケースもあります。

ほかにも両親の仲が悪く家庭崩壊していたとか、きょうだいばかりがかわいがられ、自分は構ってもらえなかったなど、いろいろな事情があったことでしょう。

愛されるのが苦手、というのは本人のなかに愛がたまっていない状態。私はこれをよく「愛の電池切れ」と表現しています。私たちは愛を自分のなかに充電できていないと、誤作動を起こします。

その愛の〝代替品〟を求め、物欲や食欲が止まらなくなったりするなど、誤った反応をしてしまうのです。

また、スマートフォンは充電切れのままでは誰ともつながれませんが、人も同じです。愛の電池切れを放置していると、人間関係も広がっていかず、愛情不信のまま思考停止してしまいます。

特に、過去にトラウマがあったり、一度でも挫折経験があったりすると、「もう失望したくない」という思いが強くなるのもわかります。傷つきたくないから斜《しゃ》に構え、自分を守るために殻《から》に閉じこもってしまう……。

けれど、それでは悪循環なのです。

厳しいことを言うようですが、こういう思考は幸せを逃します。

なぜなら、主体が「自分」ではないからです。

「裏切られるのが怖い」というのも、あなたが相手に期待しているから抱く感情です。心のどこかで相手に期待したり、依存したりしているから「裏切られる」と感じるのであって、最初から期待せず、依存もしていなければ、心は常に凪《な》いで、穏やかに過ごせるはずです。

冷たいように聞こえるかもしれませんし、「水くさい」と思うかもしれませんが、人と人はこのくらいクールにつき合うほうがうまくいきます。お互いに自律した関係性を保つのが幸せな関係のコツでもあるのです。

◇人と関わってこそ自分が磨かれる

私がよく〝人間関係は腹六分《はらろくぶ》〟というのは、そのためです。すべてを相手にゆだねて期待するからしんどいのであって、せいぜい六分くらいに留《とど》めておけば、余計なトラブルも生まれません。

神様に愛されるのが苦手な人は、神以前に、人に愛されることにも抵抗感を抱きがちです。人との関係に疲れ、嫌な思いをしてきたから、うんざりしているのでしょう。

でも、人生にいい波が来る日は必ず訪れます。また、「波長の法則」によって必要な縁は引きよせられます。

あきらめたら最後。人生のご縁に自分から蓋《ふた》をするのはやめましょう。

「捨てる神あれば、拾う神あり」

昔の人はそう言いました。まさにその通りで含蓄《がんちく》のある言葉です。

これまで愛情に飢《う》え、人間関係に苦しんできた人にもいつか〝拾う神〟が来ます。

常に自分を律しながら、自然体のあなたでいてください。

現時点で、そんな簡単に素直になれないと思っていてもいいのです。

苦しい時代を思い出してしまうときは、「あの頃とはもう違う」と自分に声をかけ、みずからの背中を押しましょう。

自分のなかに神が宿っていることを感じられれば、あなたは変われます。

人を避けず、腹六分で関わっていきながら、喜怒哀楽さまざまな感情を味わい、経験を積んでいきましょう。

経験を積めば積むほど、今の自分は昔とは違うことを理解できるようになります。頑《かたく》なな心も解けていくはずです。人と関わってこそあなたは磨かれるのです。

迷ったときは、太陽の光を浴びましょう。神のエナジーの象徴・太陽のパワーに触れることで神を感じ、内側から力が湧いてきます。

どんなときも神の愛はまっすぐ。「法則」ですから、決してブレることはありません。太陽がこの世から消えることがないように、いつもあなたの近くに神の愛があります。

◇「孤独」も大切な人間関係の磨き砂

人と関わるのが面倒。そんな動機から人間関係を築かない人が増えています。特に若い世代にそうした傾向が顕著なようです。

「恋愛はコストパフォーマンスが悪いから興味がない」「ひとりで生きていくほうが気楽」という人も多くなっているといいます。そんな話を編集者さんたちとしていたら、ひとりがこう尋ねました。

「人と関わらなければ確かに傷つかないかもしれないけれど、たましいも磨かれないんじゃないですか」と。

そこで私は、こう答えました。

「大丈夫。孤独という人間関係があるから」

さながら禅問答《ぜんもんどう》のようですが、ひとりだからこそ味わう喜怒哀楽があります。

本当にこの世界にたったひとりしかいなかったら、孤独だとすら感じないはずです。要するに、「ひとりで生きていくほうが気楽」と思っている人の心のなかにも、他者がちゃんと存在しているということ。ですから、孤独という人間関係を味わう時期があってもいい。私はそう思います。

また、コンプライアンスが厳しくなった昨今、「下手に部下と関わって面倒なことになるくらいなら、貝のように黙《だま》っていよう」という上司がいるのだそうです。指導してくれないし、親身になってくれなくて頼りにならない。まわりからはそう思われているようですが、本人がそのスタンスでいこうと決めたのなら、まわりがとやかく口出しする問題でもありません。

たとえそれで職場内で孤立してしまっても、それもまた、その人の選んだ道なのです。あとから、「未熟な判断だったな」と気づくかもしれないし、「身を守れてよかった」と感じるかもしれない。どこに落ち着こうと、その人の気づきや経験です。

ただ、恋愛でも仕事でも家族間でも、「人と関わるのが面倒」と思うとき、依存心から他者と関わっている場合があります。その見きわめは重要です。

心を閉ざす意味の孤独ではなく、他者に依存せず、腹六分で生きていくのなら大賛成です。それは孤高《ここう》の生き方といえます。

孤独タイプの「ひとり」なのか、孤高タイプの「ひとり」なのか、自己分析ができていれば、どちらの面から学んでも、人間関係は〝磨き砂《すな》〟。たましいは磨かれます。

どんな人間関係であっても、まるで鏡のように「あなた自身」がそこに映し出されます。映し出された姿を直視して、本当の自分を知る。それが「気づき」を得るということです。

◇愛の電池を充電する

私は常々孤高でありたいと思っています。もちろん私も人間ですから、喜怒哀楽さまざまに心が揺れる日があります。霊的真理とともに歩み、それをずっとみなさんに伝えていても、まだまだ届かず、「日暮れて途遠《みちとお》し」だと虚《むな》しくなる日もあります。仕事柄、人と関わる時間も多く、まわりには家族やスタッフもいますが、ふと寂しくなることもあるのです。

もう克服しましたが、私は秋が苦手でした。陽が落ちるのも早くなり、肌寒くなる頃、体調を崩しやすいということもあります。

実は前世で悶死《もんし》した経験があるのですが、それが秋だったのです。その亡くなり方が悲しく、今もたましいの記憶に残っているのだと思います。

〝悶死〟というと何かを恨んで悶《もだ》え死ぬような強烈な印象を受けるかもしれませんが、そうではなく、人に裏切られたショックから、生きる気力を失い、餓死に近い状態で亡くなったのです。

人を信じすぎる性格は今生にも受け継がれていて、これまでにも同じような経験をして、磨かれてきました。私のひとつのカリキュラムだと思っています。

寂しい気持ちが拭《ぬぐ》えないときは、家族の写真を見ることもあります。長男がまだ幼かったとき、一緒にコロッケを買いに出かけ、高台から眺めた夕焼けに涙して、息子をビックリさせたな……などと、ふと思い出したりもします。


また、季節には関係ありませんが、なじみの店に出かけ、お店の大将とたわいもない会話を楽しんだりもします。私なりの「愛の電池」の充電法です。そうやって、人と話をしていくうちに、次第に心が温まっていくのです。心にもお日様の光を当てて、また、元気に日常に戻っていきます。

あなたも自分に合った方法を見つけてみてください。わけもなく寂しいというなら、自分から人の輪のなかに飛び込んでみましょう。そうすれば少なくとも〝孤独〟ではなくなるのですから……。

第5のルール

神様から差しのべられた手を取る

心のなかに平和をつくる、自分を大切に生きる

ここまで、神様に愛されるための基本的なルールを書いてきましたが、今、生きていることさえつらく、苦しい毎日を送っている人からは、厳しいことばかりに感じられたかもしれません。

拙著『幸運を引きよせるスピリチュアル・ブック』(三笠書房《王様文庫》)が刊行された2001年から見れば信じられないほど、世の中は〝狂っている〟としか思えないような状態に陥っています。

日本のみならず、世界各地で起こっていることを考えても、この世の波動は荒く、おかしくなっているといわざるを得ません。

紛争、戦争、飢餓、差別、貧困、放射能汚染、自然破壊だけではありません。

人々は欲を満たすために、「物質的価値観」に軸を置いた幸せを求め、ますます〝心の乱世〟は進んでいます。

ここで、さらにショッキングなことを伝えなくてはいけません。

もし、まだ真実を知るのが怖いと思うならば、このページにていったん本を閉じていただいても構いません。人にはそれぞれ受け入れる段階がありますから、決して無理強《じ》いはしたくないのです。

同じ霊的真理、摂理を伝えるにしても、受け入れられるかはその人次第です。〝おもゆ〟や〝おかゆ〟でないと咀嚼できない人もいれば、〝分《ぶ》づき米〟や〝玄米〟でも食べられる人もいる。現世で積んだ経験だけではなく、前世からの学び、つまり〝たましいの年齢〟によっても違いますから、ご自身で考え、判断してください。心の準備ができている方は、次のページに進んでください。

かつて霊的世界から告《つ》げられた言葉、予言があります。

「死にゆく者がうらやましいと思う時代がくる」


この予言が今まさに、現実のものとなりつつあります。ニュースを見れば、右を見ても左を見ても、おかしなことばかりです。

食材はもとより調味料なども軒並《のきな》み値上がりし、家計は圧迫される一方。かといって、収入が増えるわけではない。少子化はますます進み、超高齢社会に突入して、社会保障面にも不安がつきまといます。

「この先どうやって生きていけばいいのか」「暮らしていける気がしない」と、絶望する人がますます増えるのではないかとみています。


こんな世のなかで食べていけるのか不安、子どもを育てていけるか心配などと、心が曇る毎日が続くでしょう。

正直、明日への希望どころか、今日生きていくことにも必死にあえいでいるような状態では、「幸せ」とか「神様に愛される」といわれても、実感がわかない人が圧倒的多数かもしれません。

ですが、どうすれば闇のなかにも光を見出せるのか、苦難の多い時代だからこそ、考え方を切り替える必要があるのです。

◇生きるのがつらいと感じる人たち

私たちはみなひとり残らず、「あの世」に帰るたましいです。そのときに少しでも悔《く》いのないよう、「幸せに生きられた」と言って天にたましいを返せるように、生きていかなくてはなりません。なぜなら、どんな心境で生き抜けたかが、死後に向かう階層にそのまま影響するからです。

死にゆく者がうらやましいという時代だからといって、「みずから命を絶《た》つ」という道は選ばず、最後の最後まで生き抜きましょう。

自死というのは、学びの途中で〝中途退学〟するようなもの。また次に生まれてくるときにカリキュラムの再履修が必要になります。何度も同じ苦しみをくり返して味わうことになるならば、もう少しだけ踏ん張って、今生を生き抜いてください。

スイスなどの安楽死が法律で認められている国に行き、自分の意志で死の選択をする人が、近頃メディアでたびたび取り上げられます。「超高齢社会を迎えているのだから、日本にも安楽死制度が必要だ」などと主張する人もいますが、何人《なんぴと》も、「生きていていい命」「生きる価値がない命」という選別はしてはいけないのです。

安楽死を認めてしまったら、「私が生きていたら迷惑をかけるから、生きていてはいけない」と思うお年寄りや病人が出てくるでしょう。

価値があるから生きるのではありません。生き抜くことに価値があるのです。

神様から与えられた寿命を最後まで「生き抜く」こと。米粒ひとつまで全部食べ切って、「ごちそうさま」と感謝の思いを天に告げるように、与えられた命も、最期の瞬間まで味わいつくさなければいけないと私は思っています。

安楽死はみずから死を選ぶという意味では自死であり、尊厳死とは大きく異なります。尊厳死は、痛みを取り除く処置は受けるけれど、延命のための積極的な治療はしないという選択です。

たとえば、がんの末期にあり疼痛《とうつう》で苦しむ方が、適切なペインコントロールを受けて、痛みから解き放たれ、安らかに旅立たれるといったケースです。この場合は、立派に生き抜いたことになります。

◇大切なのは「たましいの健やかさ」

寝たきりであろうと余命わずかであろうと、懸命に生きているその姿は、まわりの人たちに生きることや愛とは何かを教えてくれる存在です。この世に、無駄な命はひとつもないことを忘れないでください。

たとえ病床《びょうしょう》にあっても、たましいは何ものにも侵《おか》されず、健《すこ》やかでいられます。病の重篤さと、たましいの健やかさは別物です。たましいを鼓舞し、心（精神）を元気に保って生きることはできるのです。

そのことを理解せず、物質的価値観で「健康なら幸せ・病気なら不幸」としか考えられないとしたら、私に言わせれば、そのことのほうがよほど不幸せです。

たましいの視点で見ましょう。

人の一生は、どんなに長く生きても１００年そこそこ。時間という尺度のないあの世からすれば、仮に１００年生きたとしても、あっという間です。遅かれ早かれ、平等にお迎えは来るのですから、生き急ぐことはありません。

私たち人間も、動物や植物と同じように、自然の生き物として天命をまっとうし、たましいの故郷に帰るのが理想だと思います。

◇体から心を癒やす呼吸法

肉体的に病気をもっていても、たましいは健やかでいられるとお伝えしましたが、その逆もまた同じことがいえます。ですから心が追い詰められてしんどくなっているときは、フィジカルから働きかけて、脱力することを覚えましょう。

心がいっぱいいっぱいのときに「リラックスしましょう」といったところで、実際に心を空《から》っぽにして力を抜くのは難しいものです。そのようなときは、フィジカルからアプローチするのが効果的なのです。

力を抜くには、先に体に力をグッと入れます。よく「緊張と弛緩《しかん》」といわれますが、力を入れた状態を先につくると自然と力が抜け、緩《ゆる》めることができるのです。

また、病的な原因がないにもかかわらず、息がつまるように感じるときや呼吸が浅くなっているのを自覚しているときは、次に紹介するシンプルな呼吸法を試してみてください。

私たちは生きている限り無意識でも息をしていますが、あえて呼吸そのものに意識を向けて行なうのがポイントです。人は呼吸が浅くなるとき、物事の考え方までも浅くなりがちです。まずは、呼吸から整えましょう。

〈呼吸法〉

①肩幅くらい両足を開いて立つ。
②おへその下あたりにある「丹田《たんでん》」というツボに意識を向ける。
③ゆっくり鼻から息を吸う。そのとき、吸った空気が頭、手、足と全体に行きわたるイメージをもつ。
④これ以上吸えないというところまで吸ったら、今度はクモが糸を吐き出すように、ゆっくりと息を吐く。
⑤体のなかの汚れたエナジーが外に出ていくイメージで、息を吐き切る。これ以

上吐けないというところまで出したら、リラックス。
この呼吸を3回くり返す。

※丹田は、男性であればおへその約5センチ下、女性であればちょうどおへそのあたりにあります。肉体と幽体《ゆうたい》（目に見えないエネルギー体）のつなぎ目がいくつもあるのですが、丹田はなかでも重要なポイント。体力・気力が不足しているとき、霊眼では、この丹田あたりのオーラがくすんで弱々しく視えます。

◇すべてはあなたの思いと行動次第

神様から差しのべられている手を取れない人、つまり、みずから不幸を引きよせてしまう人には傾向があります。

これまでにも書いてきたように、幸せになる人は人生のさまざまな場面で「幸せにつながるような選択」をしています。一方、不幸になる人は自分で不幸になる言動、思考を重ねているのです。

講演会などでもいつもお伝えしていますが、あなたのなかに、次の三つがひとつでもあるときは、幸せを遠ざける思考回路に陥っています。

■自己憐憫
■責任転嫁
■依存心

自己憐憫とは、「どうして私はこんなにみじめなんだろう」とか「かわいそうなんだろう」と自分の置かれた立場や環境を嘆くこと。

責任転嫁は、「こんなふうになったのは、○○のせい」「不景気なのがいけないんだ」などと、他者や環境のせいにしてしまう考え方です。

そして、依存心は、誰かに「助けてもらおう」という甘えからくるものです。他者に依存していると、その人なしでは幸せになれないと錯覚しがちです。

神様に愛されたい、神様に助けてほしいと期待している人は、ひとつ間違えると、この三つの不幸思考を宿してしまいやすいので気をつけましょう。

先述したように、神とは「法則」であり、「摂理」です。依存する存在では決してないことを肝《きも》に銘《めい》じましょう。

あなたには転ぶ権利があります。つまずく自由もあります。だから、たとえあなたが不幸になる選択をしても、霊界はそれを止めないでしょう。

自己憐憫、責任転嫁、依存心をもち続け、不幸せだと嘆こうと、それもあなたの経験と感動。誰もその選択を邪魔しません。

あなたのたましいは、自分自身で「幸せ」も「不幸」もつくることができます。幸せになりたいならそのように生きられるし、不幸な自分に酔いしれ、自己憐憫に浸っていたいのならその生き方も選べるのです。

第6のルール

神様とともに歩む

自然の力を感じて生きる

私たちも、動物や植物と同じように〝自然であること〟が、究極の幸せな生き方だと思います。ですが、悲しいかな現代人の多くが、デジタル化されたスピード重視のスポーツカーに乗っているような生き方をしています。

それが「かっこいい」と思っている昭和《しょうわ》世代の大人がいまだ社会の中心にいますから、成果主義の風潮も変わらずあります。

◇忙しくても心穏やかに過ごす

顔を合わせれば「忙しい」という言葉が口から出てくる現代人。もう合言葉《あいことば》のようになっている感すらあります。「忙しい」と口にする人は、自分で仕事を増やし、予定を組み込んで「忙しくしている」ようにも思えます。

そういう私自身も、「生きている限りはやりたいことをとことんやり遂《と》げたい」と思うたちで、一年の予定をあらためて眺めてみて、ずっと休暇をとっていなかったのに気づくこともめずらしくありません。

そうして予定を詰め込む状態を続けていると、霊界からの「待った」がかかることがあります。これも私は神の愛だと思うのですが、この本を執筆している最中にも、声が出づらくなるということがありました。

オペラやコンサートの仕事も入っていましたから「困ったな」と思いましたが、このことにも意味があると瞬時に悟《さと》りました。「働きすぎですよ」というメッセージです。

声には音霊《おとたま》が宿っています。この「音」と「根」は同じ意味合いがあり、「音が枯れる」は、「根が枯れる」に通じるのです。

声が枯れたことに対するケアはもちろんしましたが、それと同時に、少し休みをとろうと反省もしました。忙しいという字は「心を亡くす」と書きますが、まさに、心（根）が枯れてしまう寸前だったのだと思います。

そうはいっても決まっている仕事を実際、休むわけにはいきません。ですから、毎日の生活、それこそ掃除や洗濯、料理といった日常のことをしながら、「これも休みなんだ」と自分自身に語りかけました。

忙しいときにも家事を楽しめるのは幸い。そう思いを切り替え、リラックスして合間にお茶の一杯でも淹《い》れる。そこに〝小さな天国〟をつくり出すことで、枯れそうな心を立て直して、心身の疲れを癒《い》やすことができました。

◇自然と語らい、触れ合う時間をもつ

どんなに文明が進もうとも、人の体やたましいがその進化に合わせて高性能にな

っていくようなことはありません。自然の営みは昔と変わらないのに、人間の暮らしだけがどんどん自然から離れていってしまいました。

私は熱海に暮らすようになって、都会で過ごしていた日々よりも圧倒的に自然と語らう時間が増えました。

どんなに予定がいっぱいの日でも、庭の木々に「梅の木さん、おはよう」といった具合に話しかけます。四季折々、木々に宿るフェアリー（姿をもったことのない自然霊）に語りかけているのです。

雪が降る寒い日、雪の重さに耐えている梅の木を見て、「人生の冬にある人も、苦難を乗り越えればいつか花が咲く」と学び、春になり、花が咲いて実《み》がなる様子を見れば、「私たちのたましいも、たくさん学んで実を結びますように」と祈ります。

自然界は、やさしさだけではなく厳しさも教えてくれます。熱海ではかつて土石《どせき》流《りゅう》被害がありましたが、それ以降も豪雨《ごうう》に見舞われたり、川が氾濫《はんらん》したりする姿も見てきました。大雨が降り続くと、「ああ、人間なんて本当にちっぽけな存在だな」と、あらためて気づかされます。

また、一日のなかでも、ひと晩で見事なクモの巣が張られていたりして驚かされることもしょっちゅうです。クモの巣を見ながら、働き者の姿に「頑張っているな」と心が動かされます。

昔は虫が苦手でしたが、今ではすっかり慣れて、どんな小さな命も、すべて愛おしく思えるようになりました。部屋のなかに迷い込んだクモを「こっちにはもう来てはダメだよ」と、そっと外に逃がすこともよくあります。

◇自然の厳しさと恵みが教えてくれること

自然のなかで暮らしていると、そこかしこに「神」を見ます。先述したように、ときに厳しい現実をつきつけられることもありますが、だからこそ「生かされていること」に気づき、感謝の念が生まれてきます。それが、自然の営みです。

神様をそば近くに感じるために、何か特別なことをする必要はありません。

近所に公園などがあるなら、そこで草木を眺めるだけでもいいでしょう。自然に触れ、そこにひとときたたずんでみると、命の息吹《いぶき》を感じ、生かされている幸いに目を向けられるはずです。


都市部に住んでいると、野菜やお米などを自分で育てるのはなかなか難しいかもしれませんが、たとえば野草を調べてみてはどうでしょう。普段歩く道やちょっと郊外に出かけたときなどに、調べた野草を見つけることができるかもしれません。

昔は自然に生《は》えているヨモギを摘《つ》んでヨモギ餅《もち》をつくったり、ノビルを摘んで佃《つくだ》煮《に》にしたり、いろいろと工夫していたものです。今も知識さえあれば、安全に食べられるものを採《と》ることはできるのではないでしょうか。


先日、北海道で暮らす知り合いと話をしていて、山菜がたくさん採れるというので、「それはすごいね、そんなにたくさん採れるんだね」と何気なく言ったところ、彼らからすると山菜はめずらしくもないようで、最初はそれほどありがたみを感じていないようでした。

けれど、せっかくたくさん採れるのだからと、その山菜を道の駅で販売し始めたら大人気になったそうです。求めてくれる人がいるありがたさに感謝が生まれ、今ではいい仕事にもなっているようです。

自然がくれる恵み、そして厳しさから学びましょう。あなたも身近な自然に目を向けてみてください。

◇「自分の軸」を定めて生きる

神の一部分である「あなた自身」が幸せであること。たましいを輝かせて生きるうえでは、それが何よりも大切です。自分が本当の意味で幸せだと実感できていなければ、まわりの人を幸せにすることもできません。

そもそもあなたは、自分の「本当の幸せ」とは何か、考えたことがありますか？「これが私の本当の幸せ」と言えるものはありますか？

それがわかれば、あなたのなかに「自分の軸」が定まっていきます。「自分の軸」があれば、他人と比べて不幸だと嘆くこともありません。

せっかく、人生という〝旅〟をしに現世にやってきたのです。物質的価値観で見る狭い幸せや小我に執着していては、あなたの内なる神の愛を見失い、「本当の幸せ」がわからなくなってしまいます。

大我の愛を、自分自身にも与えましょう。

自分自身、つまり内なる神を見て、自分を律して生きていれば、他人の目は気にならなくなります。「自分の軸」が定まれば、何にも媚《こ》びることなく、本音で生きられるようになるのです。

あなたのたましいが求める「本当の幸せ」とは何かに焦点を当てて生きていれば、

何も恐れることはなくなります。この世で最も怖いのは、自分が見えなくなることです。自分自身という内なる神から手を放さず、「自分の軸」を定めて生きていきましょう。

少しでも軸がブレそうになったら、ここまで見てきた「六つのルール」を振り返ってみてください。

喜怒哀楽すべてが、人生という〝旅〟の名所になります。

次の章では、人生のさまざまな悩みや困難を例にとりながら、「幸せにつながる神の道」をともに学んでいくことにいたしましょう。

第2部

「幸せにつながる神の道」の見つけ方

人生の幸・不幸――あなたの前にある二つの道

あなたは、みずからの思い・言葉・行動によって、日々〝因果《いんが》の種〟をまいています。あなたを苦しめる悩みはすべて、あなた自身が種をまいたから、起きているのです。誰かのせいにはできません。

健康、お金や仕事、恋愛・結婚、家族の問題、人間関係など、みなさまざまな悩みを抱えて生きていますが、そのどれもがあなた自身を映し出す「鏡」です。

なかには前世からのトラウマが隠れていることもありますし、現世に来てからまいた種が結実して招いたものもあります。


私がこれまでに向き合ってきた相談者にはいろいろな方がいましたが、その思い、言葉、行動のどこかに少なからず「不幸になる三原則」（自己憐憫・責任転嫁・依存心、120ページ参照）がありました。なかには、「悩むことがこの人の趣味なのかな？」と感じる人も……。こういう人は、私が何をアドバイスしても聞き入れない頑固さがありました。自分が求める答えをもらえるまで、頑なに受け入れようとしないのです。

また、その昔、「江原さん、霊能力があるのなら、困っている人の人助けをしなさい」と言われたことがありました。悩みを聞いて、その人を窮地から救い出してあげなさいということでしょう。けれど、はたしてそれは本当にその人のためになるでしょうか。自分で解決する力を養わなかったら、いつまでも誰かが差しのべる救いを待っていなければならなくなります。

あなたの代わりに悩みを解くことはできません。それはあなたのたましいが学ぶ機会を奪うことになるからです。

迷ったり悩んだりしたとき、うまくいかないことがあったとき、「助けてください！」と、何かにすがろうとする人に申し上げたいのは、「今まさにチャンスなのですよ」ということです。先述したように神様のトスが上がっているのです。

ほかの誰かに解決してもらうのは、目の前に流れてきた回転寿司を食べてくださいと言っているのと同じこと。あなたの悩みは、あなたのもの。自分自身で味わわないと、もったいないと思いませんか？　悩みというせっかくのご馳走を、人にゆだねて食べてもらっていたら、たましいは成長できません。

◇「想像力」は人生という旅を生き抜く糧

ここで今一度、「人はみな未熟だから生まれてきた」ということを思い出してください。神の粗い粒子《りゅうし》（一部分）であるあなたは、現世でその未熟さをありとあらゆる場面に映し出しています。人生に訪れる苦しみや過ちはすべてが未熟さを映し出しているのです。

では、どう未熟なのか、磨き足りないところはどこなのか？　それを知るために、あなたは生まれてきました。

ですから、人生に意味のない過ちや無駄な失敗は一切ありません。どれも、あなたのたましいを進化・向上させ、いつか神の大いなる愛とひとつになるために必要な学びです。

世のなかを見渡せば、不条理で理不尽なことばかり。「どうしてこんな過酷な時代を選んできてしまったのか」と思う人もいることでしょう。それは、あなたがそれだけ勉強熱心なたましいである証。この世に生まれてきたたましいはそれぞれ、未熟者同士です。お互いに、まるでとがった石の角《かど》と角をぶつけ合うように、磨き合っているのです。

たったひとりで、大きな悩みを抱えている人もいるでしょう。

けれど、霊界には守護霊をはじめとする〝たましいの家族〟「グループ・ソウル（類魂）」が必ずいます。人間関係が希薄で、毎日が地獄のように思える出来事ばかりだとしても、常に神は見守っています。

喜びも、悲しみも、苦しみも、嘆きも痛みも、挫折も、思い通りにいかないこともすべてが必然で意味のあること。神様は、その人に乗り越えられない試練は与えません。そのことを忘れないでください。

闇を知るから光がわかる。
闇を光に、無知を「智」に変えなさい。

霊界はいついかなるときも、大いなる愛をあなたに注いでいます。
その太陽のような温もりに気づかないとしたら、あなたが頑なに光を遮断《しゃだん》しているだけ。メッセージが届いていても、耳をふさいで気づいていないだけなのです。

第2部では、いくつかのテーマにそって、スピリチュアルな視点から、どう考えればいいのか、どう生きればいいのかの指針をお伝えしていきましょう。
どのようなシチュエーションも、「私ならどうするだろうか」と考えてみてください。わが身に置き換えて考えることは、想像力を養う訓練になります。

想像力は、人生の苦難を乗り越えるうえで必要なもの。

伝記を読んだり、ドキュメンタリーを観たりするのと同じように、「他者」を通して自分の人生にはない彩りを知り、そこに映し出された痛みや苦しみに感応することで、本当のやさしさが身につきます。

何より、すべてのたましいは究極的にはひとつ。悩んでいるほかの誰かも「私」なのですから。

アドバイスを読みながら、耳が痛いと感じることがあるかもしれません。同じものを読んでもそこから何を感じ、何を考えるかは、人によってさまざまでしょう。

ここで考えたことをしっかり咀嚼して、自分のものにしてください。

それができれば、どんな悩みも、あなたの大切な人生を生き抜く〝糧〟になるでしょう。

◇悩めるという「幸い」を知る

悩むときというのは、内へ内へと気持ちが向かい、鬱々《うつうつ》とした気持ちに傾きがちです。ともすると、うつ症状が重くなってしまう人もいるかもしれません。近視眼的にしか考えられなくなり、「悩み＝不幸の象徴」だと感じてしまうでしょう。

けれど、悩めるというのは、実は「幸い」なのです。

まず悩む「時間」があります。もし、あなたが今、余命半年と宣告されたら、その悩みを死ぬまで抱え続けますか？　自分に残された命と向き合うことのほうに心が向かうはずです。「自分の命と比べたら、今まで悩んでいたようなことは、とるに足らないことだった」と気づくことでしょう。

いつだったか、往年のソプラノ歌手モンセラート・カバリエ（一九三三〜二〇一八年）のドキュメンタリーを観たことがありました。彼女は激動の時代を生きた歌手です。そのなかで、自分の人生を振り返ってこう話していました。

「私は貧困や病気、手術など、たくさんの出来事がありました。しかし、悩んだことなどありません。なぜならば、先々の夢や目標の準備や勉強のことだけを考えていたら、それだけで精一杯で、苦労を思っている暇《ひま》はありませんでした」

まさにその通りだと思うのです。

悩むというのは、視点を変えればそれだけ自分を見つめる時間を得ているということ。考え方によってはそれ自体が幸せなことともいえます。もっとも、解決策を考えようともせず、ダラダラと愚痴《ぐち》を言って悩むだけでは不幸の道を行くことになります。

しかしあなた次第で、それを契機に目覚め、真理を探究するエネルギーに変えることもできます。どのような悩みもまず理性的に自分の足元から整理して、本質を見つめることが大切です。

命について

心と体を健やかに保つ努力をしていますか

◇みずから寿命を縮めている人々

「運命の法則」でいうと、寿命は「宿命」です。

しかしながら、昨今、この「宿命」である寿命をみずから縮めてしまっているケースをよく見るようになりました。自死や安楽死によって命を途中で終わらせてしまうのは、最初からそうと決まっていた宿命ではありません。自分に与えられている寿命を途中で放棄するのは、自分で決めた「運命」の部分といえます。

確かに自死や安楽死は特殊なケースと思われるかもしれません。しかし、たとえば今の私たちの食生活を振り返って考えてみてください。

添加物にまみれたものを食べ、遺伝子組み換え食品、農薬を使って育てられた野菜、ホルモン剤を投与された畜産物を口にすることに、違和感や危機感を覚えない人もいます。そのような食生活で過ごすことは、宿命である寿命を縮める行為とどれだけ変わるというのでしょう。それは自分という神の命をおろそかにする行為。みずから神の手を放す結果につながってしまいます。

「自然栽培のものや完全無農薬のもの、質にこだわったものを食べましょう」というと、「そんな経済的な余裕はありません」と返されることもしばしばです。

確かに、自然栽培や無農薬の食材は大量生産されているものに比べたら割高でしょう。農薬を使わないとなると育てるにも手間がかかりますから、高くなるのはやむを得ないことです。ですが、実際に病気になれば治療費や入院費のほうが高くつくことになるのではありませんか？

今や「二人に一人ががんにかかる時代」などといって生命保険商品の宣伝文句が頻繁《ひんぱん》にテレビコマーシャルで流れていたりします。ですが、それほどまでにがんが増えているのもおかしな話です。食生活をはじめとした生活習慣に見直すべき点があると考えるほうが自然ではないでしょうか。

実際のところ、今の日本で完全に自然栽培のものや完全無農薬のものだけを食べるというのは簡単ではないでしょう。けれど、無頓着に粗悪なものを食べ続けながら、病気になってから、「なぜ自分がこんな病気に……」と嘆くのは違うと思うのです。


「江原さんはスピリチュアリストなのに、食べ物のことにうるさいのはどうしてなのか」と気になる方もいるかもしれません。

これは先述したように、心と体、たましいと肉体は表裏一体であるからにほかなりません。

病気をもっていてもたましいは健やかであることはできます。それは確かです。ただ、現実問題、風邪をひいているだけでも心に余裕がなくなり、平常時に比べればまわりの人にやさしくできなかったりすることもあるでしょう。

愛を表現するうえでも、心と体、たましいと肉体をバランスよく、健やかに保つ努力は大切なのです。

それには、やはり規則正しい生活、そして「食」が大事です。医食同源なのです。

多くの人の生活で西洋的な食事が日常になり、「朝はパン」という方も少なくないでしょう。そのパンをつくるのに使用される小麦の大半は輸入に頼っています。そして輸入小麦には農薬の問題もあり、体に入れるだけでもアレルギー反応が出てしまうケースもあります。

最近は「グルテンフリー」（小麦グルテンに対するアレルギー対策のために、小麦などを排除した食事）という言葉もよく聞くようになりました。

私の長男もアレルギー体質のため、まずは食生活の改善から……と、私が弁当を手づくりしています。小麦粉は避け、米粉を代用するなど工夫しているおかげで、幾分よくなってきたように感じます。

個人差もありますし、私は医師でもありませんから、あくまで経験談をもとにしたエビデンスです。もちろん、アレルギーを引き起こす原因は小麦粉だけではないでしょう。放射能汚染や環境ホルモンなど、いろいろな問題があると提起する専門家もいます。

米離れなどともいわれることもありますが、この日本という「瑞穂《みずほ》の国（稲が豊かに実り栄える国）」に生まれたのですから、ぜひ、よい米を食べて体を健やかに育《はぐく》んでいってほしいと思います。

米はパンと違い、余計な加工をしなくてもおいしくいただけるもの。薪《たきぎ》で火をおこし釜《かま》で炊《た》いていた時代ではなく、今はスイッチひとつでごはんが炊ける時代です。そのことにも感謝しながら、おいしくいただきましょう。

外食チェーンなどでは、価格を低く抑えるため、古米《こまい》に添加物をコーティングした米（プラスチック米《まい》）が広く流通しています。たとえば見た目や食感をよくするのに使われる石油由来の添加物（プロピレングリコール）などは「液体プラスチック」ともいわれるものです。

安く手に入るのはなぜなのか。自分や自分の大切な人の口に入るものにもっと責任をもつべきです。それには、正しい知識をもち、考える必要があります。

ただし、そうしたものを売る企業が悪いと非難するのも間違いです。すべてが自分の映し鏡。安いもの、スピーディーに食べられるものを求めたのは、誰でしょう？　常にわが身を振り返ることを忘れないでください。

種をまいているのは、あなたなのです。

〝まやかし〟を見抜き、心と体、暮らしを安心して育める〝本物〟を見きわめることが幸せにつながります。体にいい質のよいものを買いたいと思う人が増えれば、きっとそのニーズに合わせて、商品の値段が下がる可能性も出てくるでしょう。

この現世で私たちは、体という車を使って、運転手であるたましいがドライブをしています。車にガタが来ないようメンテナンスをすることは欠かせません。

そのことは、これまでの書籍などでもお伝えしてきました。けれど、添加物や遺伝子組み換え食品など、意識しなければ気づかぬうちに毒を口にしている可能性がある現代では、体という車の〝燃料〟の質をあらためて見直してほしいと思います。すべては自己責任なのです。

◇病気が教えてくれること

肉体の健康にせよ、精神の健康にせよ、すべて「因《いん》・縁《ねん》・果《か》」でみずからつくっているものです。あなた自身がまく種（因）があり、あなたの思い・言葉・行動が縁となって、結果（果）を引きよせているのです。

病気をスピリチュアルな視点で見ると、大きく分けて三つの種類があります。

寿命にかかわるたましいの病。これは、その人が選んできたカリキュラムといえます。不摂生などによって起こる肉体の病、思いグセによって起こる病があります。

たとえば、過労によって風邪をひいた。これは、「肉体の病」です。ただ、そうまでして働いてしまったのはなぜでしょう。病気も何によってそうなったか、ということを考えることは大事。そこで、「断れない」という思いグセが大元にあるなら、「肉体の病」と「思いグセの病」は連動しているともいえます。

しかし、「病気＝よくないもの」ととらえるのは間違いです。

あなたが自分の肉体、そしてたましいに向き合うために、病気から学ばせてもらっているという側面もあるからです。

病気になったことで、それまでの忙しかった毎日にストップがかかり、人生を見つめ直すことができたという人も大勢います。病気がきっかけとなって、自分の生活をあらためて振り返ったという人もいるでしょう。

確かに今の世のなか、みな多忙をきわめ、疲れている人が増えています。でも、多忙な時代だから疲れたり具合が悪くなったりするのではありません。やはりそこには食べ物や生活習慣の影響があります。

先にも書いたように、現世を生きている限り私たちは肉体をもっていますから、病気の原因が「食べ物」にある可能性は高いのです。

あなたが体の調子がよくない、疲れやすいと感じたときに、これまで「考えなし」に食べ物を口にして過ごしてきてしまったから、今、不健康になったのかもしれないと気づく。それも神様からのトス。そこから生き方そのものを変えていける人が、幸せになれるのです。

何事も自分自身で考えて、気づく。気づいて、受け入れ、行動に移す。

このステップが大切です。

するとそこに感謝が生まれます。生きていることへの感謝、今日もごはんをおいしくいただけることへの感謝、病を得たということへも感謝……。

すべてが、たましいにとっての幸いです。自分の命にもっと目を向けて、日常のひとつひとつのことを受け入れていきましょう。

何をとり、何をとらないかをよく考えることも忘れてはいけません。病院に行けば薬が出されます。お年寄りなどは薬を山のように処方されて飲んでいるのが現状ですし、若い人もすぐサプリメントに頼ろうとします。

　現代は、このように何でも「足していく」考え方になってしまっているように思え、私はそのことを危惧《きぐ》しています。もちろん、治療のために本当に必要なものは別ですが、そうでない人までいろいろとりすぎて、体がケミカルな状態になっているのではないでしょうか？

　今すぐ必要でないものなら、とらないという選択肢もあります。「足すこと」ばかり考えず、「引くこと」を考えましょう。ケミカルなものを抜いて、デトックスする。この引き算が、命に感謝すること、生きる喜びを感じることにもつながるのです。

　体を素《す》に戻すことで、かえって免疫力が上がることもあるかもしれません。最近〝リトリート（心身をリフレッシュさせる旅や休息）〟が注目されているのも、「自然な自分を取り戻したい」という内なる声に従ってのことでしょう。

　人間も、自然の生き物。ですから、極力「自然な暮らしの営みに立ち返ること」。今まさに、見つめ直すときにきています。

働く意味

〝自分という神〟を大切に生きていますか

◇人生が「主」、仕事は「副」

仕事の問題で悩む人をたくさん見てきました。けれど、私はいつも「どうしてもっと軽く考えないのだろう」と疑問に感じていました。お給料以上に心を尽くしたり、悩んだりする必要はないからです。

仕事をするのは「生きていくため」ですが、人生においては、仕事以外の時間のほうが断然長いのです。だから、仕事にだけフォーカスせず、あなたの人生そのものに対してもっと意欲をもって向き合うべきです。

仕事で疲弊《ひへい》するのは、〝自分という神〟をおろそかにしている状態にあるということにどれだけの人が気づいているでしょうか。

世間一般からは「勤勉」「頑張り屋さん」と思われるかもしれませんが、実は仕事に依存している側面もあるのではないでしょうか。どんなときも、あなたの人生が「主」。仕事はあくまでも「副」なのだということを忘れないでください。

この順が逆転したときから、仕事はつらく苦しいものに変わります。


また職場の人間関係に疲れてしまっている人も多くいます。

でも、その苦しみは、人生の障害物リレーの〝障害〟のひとつにすぎません。人生のすべてではないはずです。

そして、たましいを磨くため、あなた自身が望んでそのリレーに参加していますから、「どうして小麦粉のなかに埋まったあめ玉を取って走らなきゃいけないの」などと不満や文句を口にしてもしょうがないのです。

幸せになれるのは、「あめ玉が取れたから次は、網くぐりだ！」と、さっと気持ちを切り替えて挑める人です。

コロナ禍以降だいぶ減ってきてはいますが、仕事がらみの人間関係ゆえに、「断れないつき合い」もあるでしょう。

しかし、仕事では苦手な人、嫌いな人であってもつき合っていかなければなりません。食べていくためのお金を得るのが目的で働いているのですから、「あの人が嫌いだから、今日の会議には出たくありません」というのは通用しないわけです。けれど、視点を変えれば、苦手な人や嫌いな人もまた、あなたの波長で引きよせた相手。避けがたい人間関係だからこそ、たましいが鍛えられるのです。「磨かせてくれてありがとう」と感謝して前を向くことが大切です。

「嫌い」というほどではなくても、「同僚から食事に誘われて面倒。終業後までつき合いたくない」といった話もよく聞きます。

それも「現世のおつき合い」と割り切ってうまくあしらえばいいだけです。

たとえば、3回に1回は誘いを受けて、あとは「ごめんなさい。今日は用事があるので失礼します」などと理由をつけて帰ればいい。「嘘《うそ》も方便《ほうべん》」という言葉がありますが、相手を傷つけないための思いやりの嘘なら、うまく使っていけばいいのです。

誘いをなかなか断れないという人は、職場で友達や恋人を見つけようなどという「あわよくば……」という気持ちがあるのではありませんか。人間関係を一カ所でまかなおうと思うのは横着な心の態度です。

幸せに働くには仕事とプライベートはきちんと切り離しておくことが鉄則です。それをごちゃまぜにするから、人間関係が面倒になるのだと覚えておきましょう。

◇仕事で幸せになれる人、なれない人

ここで、あなたにあらためて質問します。

あなたは何のために働いていますか？

仕事で幸せになれる人、なれない人。その違いは、やはり「適職」と「天職」の違いを理解できているかどうかです。

仕事の目的は、「生きていくため」、もっといえば「食べていくため」です。自分のもっている能力を使ってお金を稼ぐ、現世を生きるための手段が「適職」です。

一方、「天職」は自分のたましいが喜ぶ仕事です。好きでたまらないことやそれをやっていると時間を忘れて夢中になれること、お金にはならなくても仕事を通して人の役に立つことです。

多くの人が、「好きなことを仕事にしたい」「自分の使命を知りたい」「仕事で人を喜ばせたい」と望みますが、生きるための仕事にそれを求めるのは、現実的ではありません。

「子どもが好きだから教師になった。これぞ私の天職だ」と思っていても、実際働き始めると、教師同士の人間関係に悩んだり、モンスターペアレントの苦情処理に翻弄《ほんろう》されたり……。望んでいた「子どもに教え、育む道」と違うところで疲弊して、教師を続けられなくなったといった話はよく耳にします。

理想と現実のはざまで悩み、苦しみ、仕事を手放したいと思うまで追いつめられる前に、「お金を稼ぎ、食べていくための仕事」と割り切って淡々と向き合うことです。

物事はシンプルにとらえることが大切。仕事に悩む多くの人が「仕事のために生きて、仕事が主になってしまっている」ように感じます。

そのため、職場でうまくいかないことがあると、自分が全否定されたような絶望感にさいなまれ、生きることさえ苦しくなってしまう。「食べていくためだ」と腹をくくっていれば、多少の理不尽には目をつぶり、自分を律して、「腹六分」で向き合えるはずです。

確かに、一日のなかで職場にいる時間が長い場合、仕事が人生のすべてだと勘違いしてしまいやすいのかもしれません。けれど、24時間職場で過ごすわけではないのですから、振り回されないことが大切です。

日常にやりがいを求めたいのなら、「天職」を趣味やボランティア活動のかたちで実践しながら、「適職」とうまくバランスをとっていくようにするといいでしょう。

適職に就《つ》いていて、それがたまたまやりたいことだったなら超ハッピーなこと。

それくらいに考えるべきです。

食べていくためのお金を稼ぐ「適職」と、たましいが喜ぶ「天職」は、車の両輪のようなもの。両方に同じ比重をかけてバランスをとることができれば理想的です。

「自分の天職がわからない」という人もなかにはいるかもしれませんが、天職がない人はいません。これまで積んできた〝たましいの経験〟が「天職」として備わっているからです。

自分自身が何をしているときにたましいが喜ぶか、幼い頃から今までを振り返りながら、あなたに備わっている天性の仕事、たましいの喜びとなる「天職」を探しましょう。

◇子育てとの両立、再就職の悩み

シングルで子どもを育てている女性から、「お給料のいい職種に転職できたものの、ハードすぎてついていけません。続けられるか心配です」という相談を受けたことがありました。「慣れない仕事で、わからないことが出てきてもまわりに聞けない」と、こぼしていました。

もし、あなたが同じ状況に置かれたら、どう振る舞いますか？

この場合、転職する段階から「お金のため」「子育てのため」と腹をくくって、ある程度ハードワークになることも予想しておく必要があったでしょう。

自信をなくしている状態の人に、シビアな現実をつきつけるようですが、転職には計画性が何より必要なのです。

「子どもを養うためにこんなに頑張っているのに、どうしてうまくいかないのか」と、嘆いたところで現実は変わりません。そこに自己憐憫があると幸せにはなれないのです。

確かに、実際に働き始めてから見えてきた部分はあったかもしれません。ですが、わからないことが出てきたら、四の五のいわず同僚や先輩に尋ね、仕事を覚えていくよりほかありません。できないうえに聞けないようでは、「適職」としてもお給料に見合った働きができているのかという点にも疑問が残ります。

中途採用の場合、上司のほうが年下というケースもあったりして、聞きづらいのかもしれませんが、そういった感情も不要です。仕事に対する責任感があれば、聞けるはずです。あなたが仕事に感謝をもって働いていたら、それは必ずまわりに伝わります。

聞くときのポイントは、あなたの態度に謙虚さがあるかどうか。あなたが仕事への責任感から真剣に学びたいという気持ちがあれば、相手も同じように真剣に答えてくれることでしょう。「もっとこうしたほうがいい」などと、前向きにアドバイスしてくれるはずです。どこかにひねくれた気持ちや甘えがあると、ちょっとした言動を通して相手にも透《す》けて見えてしまうでしょう。

また、これまで傾聴してきた悩み相談を振り返ってみても、「離婚したいけれど、働き口がないから子どもを育てていけない。だから別れられない」という女性が本当に大勢いて、経済的に自立することの必要性を痛感しました。

その経験もあって、「看護師や調理師、鍼灸《しんきゅう》師など、日本中どこにでも働き口がある資格を取りましょう」と勧めてきました。経済的な理由で別れるに別れられないといった不幸をつくらないためです。

今の時代なら、人手不足で引く手あまたの介護の仕事も視野に入れるなど、柔軟に考えてみればいいでしょう。こういった職種は、寮や託児所つきの環境を整えているところも多いので、シングルマザーで働くのに心強いようです。

余談ですが、私の父が他界したあと、母が働きに出ることになったため、私は小学校に上がるまで祖母の元に預けられました。

母に会えるのは週末くらいのもの。幼かった私は寂しさもありましたが、母は母で「早く家族全員で暮らしたい」という思いで、必死に働いていたと思います。その思いはちゃんと伝わっていたから、乗り越えることができました。

これまでもさまざまな機会に「どれだけ一緒にいられたかではなく、どれだけ込めたかが大事」と言ってきましたが、それは実体験からの言葉でもあります。

世のなかにはシングルマザーやシングルファーザーとして、ひとりで子育てしながら働いている方は大勢います。「もっとわが子と一緒に過ごす時間が欲しい」と思いながらも、いくつも仕事を掛け持ちして、懸命に働いている人もいるのではないでしょうか。私は、その親の姿を子どもはいくつになっても覚えている、と確信しています。まさに「親の背を見て子は育つ」のです。

そして、もうひとつ大事なことがあります。

それは、その生きざまを神様も必ず見ているということ。このことを忘れないでください。

忙しく働いていればパワースポットに出かけたり、神社にお参りに行ったりする時間はないかもしれません。でも、そのような人にも神の愛は注がれていますし、守護霊の見守りはあります。孤軍奮闘しているように思えるときでも、あなたは決してひとりではありません。

◇もし働けなくなったら

仕事は「食べていくため」の手段であって、人生のすべてではないとお伝えしました。

とはいえ、病気のために長期間休まなければならないような場合は不安が増すでしょう。大病をしたために、働けるにもかかわらず暗に配置転換や退職を促されたといった話もよく耳にします。

これまで順調に積んできたキャリアが絶たれてしまう。そのことにくやしさが湧き上がる人もいるでしょう。あるいは、養うべき家族がいるなら、経済的なことをどうすればいいのか頭を抱える人もいるかもしれません。

そのようなとき、自分自身が「まだ働きたい」という思いが強いなら、仕事があることに感謝して、肉体的に限界で「もう働けない」と思うときまで腹をくくって続ける道もあります。けれど、「仕事のために生きているわけではない」のですから、本当にそうまでして働きたいのかは、しっかり内観しましょう。

その結果、「今は治療に専念したいから、仕事は休む」と決断する場合もあるかもしれません。あるいは、「残された時間は家族と過ごす」という選択をする場合もあるでしょう。何が正解かを決めるのは、あなた自身です。自分の理想の人生、そして、理想の最期はどうありたいのかまでよく見つめて、それに合った働き方を模索することが大切です。

必要に応じて、福祉を頼るのもひとつの選択です。本当に困っているときに助け合うのが「社会」です。それは依存ではありません。神や守護霊という存在もまた、本当にあなたが困っているときには決して見捨てはしません。

「できることはできる、できないことはできない」

私は常にそうシンプルに考えています。ですから将来、私自身、体が不自由になって寝たきりになったとしても、まずそのなかで「できること」を模索すると思います。

もし、目が動くなら視線入力、声が出せるなら音声入力で文字を打つでしょう。そうやってコミュニケーションをとったり、今と同じようにパソコンに向かい、仕事をして本を書いたりしているかもしれないなと想像します。

肉体が病に冒《おか》されていようとも、たましいは健やかでいられるといった通り、そうやっていくらでも想像力を働かせることはできます。あなたの望む人生のビジョン次第ではありますが、最期の瞬間まで働きたいというなら、それも可能です。

要するに、想像力と創意工夫次第だと思います。

病気であろうとなかろうと、あなたの今生は一度きり。その時間を充実させないのが一番よくないこと。ですから、「自分はどう生きていきたいのか」を第一に考え、そのうえで自分にとって最も幸せな働き方をよく内観してください。

◇仕事のキャリア、たましいのキャリア

今の若い人たちは、希望の仕事に就いたにもかかわらず、合わないと思うと簡単に辞めたり、転職したりします。昔は「石の上にも三年」といったりしたものですが、定年まで勤め上げるという考え方もなくなりつつあり、キャリアを築く意識も変わってきているのでしょう。簡単に辞める風潮を嘆く人もいるようですが、私はその決断を下した本人がそれでいいなら、好きにしていいと思っています。

転職して結果的にうまくいかなかったとしても、それもたましいにとっては、挫折を味わうという大事な経験になります。その人がつまずく権利を、誰も奪うことはできません。

そもそも、仕事のために生きるのではなく、生きるために仕事をするのです。

スピリチュアルな視点で見れば、ステータスやキャリアといった物質的価値観をものさしにして働くのは、意味のないこと。職場で積んだキャリアは、たましいのキャリアとイコールでは結びつきません。あの世に持って帰れるのは、物質的なキャリアではなく、たましいのキャリア。つまり、仕事を通していかに人として磨かれたかという「経験と感動」だけなのです。

ですから、仮に何度も転職をくり返したとしても、それによって人として成長できたなら、そのほうが、たましいにとっての実りは大きいといえます。

定年の考え方が変わってきた今、「自分はいつまで、どんなふうに働きたいか」についてはしっかり考えておきましょう。

早期リタイアに憧れる人も増えてきているようですが、仕事を辞めたあとの身の振り方を具体的にイメージできるかどうかが、幸・不幸を分けるでしょう。ノープランでいると、やることがなくさまよってしまうことになりかねません。

マザー・テレサは「この世のなかで不幸なのは、誰からも必要とされないこと」

と語っていました。誰からも必要とされないことはもちろん不幸ですが、自分がやるべきことが何もないというのも寂しいものです。

オペラの世界にも身を置く私ですが、最近も高名な歌手の引退が続き、キャリアについていろいろと考えさせられました。後世に名を残せる人など、ひと握りのシビアな世界です。一般的に、現役で活躍できる時間はそれほど長くはありません。というのも、声楽は肉体が楽器であるため、どうしても体のコンディションの影響を強く受けるからです。

限られた時間のなかで、いかに輝くか。芸術の世界では、よほどのことでないと人の記憶からは消えていくもの。それならば、自分自身の活躍を、心のメモリーにしっかり残すほうが幸せなのかもしれないと実感しました。

「こんな男がいた……」と、テレビの『プロジェクトX』のナレーションでもつけるくらいの気持ちで、歩んできた道のりを思い出として心に刻《きざ》めば、それも〝たましいのキャリア〟になるでしょう。

なかには、引退後、裏方に回ってオペラ界のために奔走《ほんそう》している方もいらっしゃいます。どんなかたちでたましいのキャリアを築いていくかは、結局、その人が何を「幸せだ」と心の軸に定めるか次第です。

あなたも、〝食べるための仕事〟から解放されたときに何をしたいのか、また、何ができるのかを早い段階から考えておくべきでしょう。

◇お金に愛される生き方

若い頃は貧しさを経験した私ですが、親が遺《のこ》してくれたお金が実際にはありました。それは進学の際には使ったものの、今も手もとに残しています。

母が必死に働いてつくってくれたお金です。母の血と汗と涙の結晶と思うと、軽々しく使うことができなかったのです。あるときからは、そのお金はないものとして、自活してきました。

「もらったお金は自分のもの。どう使ったって勝手だ」と好きに使う人も、なかにはいるかもしれません。けれど、そのお金に込められた親の思いを汲《く》み取ることができない人は、幸せにはなれません。想像力ややさしさがない人は、お金にも愛されないし、人にも愛されないからです。

世間ではよく、親の遺産相続で家族がもめる話を聞きます。「最期まで母の面倒を見たのは私。いくら遺言《ゆいごん》だからって、介護にノータッチだった弟に多く相続されるのは許せない」など、争いに発展するケースが多いのです。

かつて個人カウンセリングを行なっていたときも、同じような事例をたくさん見てきました。だからこそ確信をもっていえますが、その多くが「お金の取り合い」ではなく、「親の愛の取り合い」でした。どちらが親により深く愛されていたか、お金を秤《はかり》にして争っているだけなのです。

こういう場合も、理性的に対処するのが一番です。もめるのが嫌なら遺産相続を放棄すればいいし、「自分がより多くの遺産をもらうのが当然の権利だ」というなら、弁護士を立てて淡々と処理していけばいいだけのことです。感情を交えるから複雑になるのです。シンプルに考えて対処していきましょう。

お金というのは、あの世にはありません。現世という物質界にしかないもので、いってみれば「たましいを鍛えるための道具」です。

遺産相続に限らず、この世には多くの「お金の悩み」があると思いますが、何事も「郷《ごう》に入《い》っては郷に従え」。現世には現世のルールややり方がありますから、実務的に動くときには、それにのっとって対応していきましょう。

身も蓋《ふた》もない言い方ですが、遺産相続でもめている人を見ると、あきれる気持ちも湧いてきます。なぜなら、そもそも遺産は「本人が働いて得たお金ではない」からです。

自分が汗水たらして得たものを横から誰かに取られるというなら、争う気持ちもわかります。けれど、遺産はしょせん親のお金。親子であろうと、はなから「他者のもの」をあてにして生きているのは、やはり依存心だといわざるを得ません。

遺産に限らず、お金は感謝の心をもって、大我（利他愛）な動機で使うことが大切です。自分の人生を豊かにするために使うお金は「生き金」。その反対に、自分の欲を満たすため、つまり小我な動機で使うのは「死に金」です。無駄遣いをするなど、あとに残らない使い方になってしまうでしょう。

お金はいくらため込んでも、あの世までは持ち帰れません。そして、お金というエナジーはため込みすぎると淀《よど》みます。かといって浪費しすぎても、濁流のように流れていってしまいます。お金に愛されるには、清流のように清らかに使い、世のなかに循環させていくことです。

もとよりたましいの視点で見れば、本当の財産は物質のお金ではなく、たましいに刻まれる経験と感動です。それこそが、永遠の宝となるものです。

愛を学ぶ

本当の意味で自分を愛せる人になるために

◇「自分好き」は悪くない

あなたは「自分好き」という言葉にどんなイメージをもっていますか。

世間では、「自分好き」というと、「自己中心的」とか何か悪いイメージでとらえられる風潮がありますが、私は、それが大我な「自分好き」であれば、いいことだと思っています。「自分のなかに宿る神を愛する」という意味では、自分好きは当たり前であって、自分好きであるべきです。

自分好きが悪く思われてしまうのは、自分のことばかりになって相手を粗末に扱ったりするからでしょう。

本当に自分が好きな人は、人のことも大切にします。

よく「人を好きになれない」という人もいますが、そのような人は自分をおろそかにしている可能性があります。人を好きになれなくてもいいから、まずは自分を好きになることを考えたほうがいい。なぜなら、自分を好きになれない人は他人を好きになれないからです。

また、人は「自分好きだからこそ生きていける」という部分もあります。「自分を向上させたい」と思うことにもつながりますから、「自分好き」は、決して悪いことではありません。

むしろ、本当の意味で自分を好きになるというのは難しいもの。私は、世のなかの多くの人が、本当の意味で自分好きでないと感じています。

なぜなら本当の意味で自分好きだったら、自分が食べるものにももっと気を使うはずですし、仕事も勉強も努力できるはずです。また、人にもやさしくできるはずですし、恋愛でも自分をもてあそぶような人を選ぶこともないはずです。

自分のことだけを考えて他人をおろそかにするのは「小我の愛」ですが、本当の意味で自分を大切にするのは「大我の愛」。多くの人が、日常生活のさまざまな場面で悩んだり苦しんだりするのは、もとはといえば小我の愛で考えていることに端を発しているのです。

本当の意味で自分を好きになってください。

「あなたと私」ではなく「あなたは私、私はあなた」。

この視点をもって本当の意味で自分を愛することが、幸せにつながる道なのです。

◇愛を学ぶステップで覚えていてほしいこと

あなたがこの世に生まれる前にいたスピリチュアル・ワールド（たましいの故郷）は、大我の愛で満たされていた世界でした。そこは人を憎んだり、人に憎まれたりすることのない、穏やかな世界です。

ところが不思議なもので、そこにずっといると「もっと底意地《そこいじ》の悪い人に出会いたい。たまにはぶつかったりして、磨かれてみたい」と感じるようになっていきます。それはいわば、たましいの向上欲です。その思いがあって、あなたは今この世に生まれてきているのです。

生まれてはじめて出会うのは「家族」。そこでは、無条件の愛に触れます。大声で泣いたらミルクをもらえて、あやしてもらえる。おむつも取り替えてもらって、わがままをいっても聞いてもらえる。

たとえ、親の愛を感じずに育ったという人でも、この世の誰かがお世話をしてくれたから今があります。受けた愛情の量に違いがあったとしてもこの最初の段階でみな、人の愛に触れているのです。

次に、家庭から外に出て「友達」と出会い、友情を育みますが、家では通用したルールが当てはまらないことを、家族以外の「他者」を通して学んでいきます。

その次のステップにあるのが、「恋愛」です。恋愛は実は「人に愛を与える」始まりなのです。

好きな相手のために何かをしてあげたいという気持ちが芽生え、それによって相手に振り向いてもらいたい、好きになってもらいたいと思うようになります。それは見返りを求める「小我の愛」ですが、はじめはみな、小我の愛から学ぶのです。

そして思いが届かない切なさを味わったり、自分の本質を嫌というほど見せつけられたりして、少しずつ、感情的な自己愛から大我の愛へと愛を広げていきます。

その後、「結婚」というステップに進み、新しい家族をもって大我の愛を学ぶ人もいれば、独身を選ぶ人、仕事を通じ部下という〝子ども〟をもって学ぶ人もいます。愛を学ぶ方法の違いであって、優劣はありません。

また、前世で子育てをたくさんしてきたから、今生ではひとりで気ままに生きたいと願って生まれ、「孤高」を謳歌《おうか》しているたましいもあります。

一生を通してくり広げられる人間ドラマは、波瀾万丈に富んでいるほうが面白いもの。愛を学ぶ道もひとつではなく、いろいろな出会い方、育み方があっていいのです。

ただひとついえるのは、どんな学び方であれ、最終的には〝自律した愛〟の実践をめざしているということ。損得勘定で〝得する出会い〟を求めるのではなく、たとえ試練を味わうことになったとしても、たましいが鍛えられるほうの縁を選びましょう。

◇自分から人とつながる努力をしていますか

「出会いがない」という悩みは昔も今もよく耳にします。

ですが、そのような話を聞くたびに、「本当にそうなのだろうか?」と思います。

なぜそう思うのかというと、まず、「本当に恋愛がしたい心境なのか」に疑問が残るのです。

まわりの友達にはみな恋人がいて楽しそうにやっているから、「誰もそばにいないのは寂しい」と思っていたり、世間体を気にして「ひとり＝かっこ悪い」と勘違いしていたりするパターンもあります。

この場合は、本当に出会いたいと思えるまで無理をする必要はありません。

本当に恋愛がしたいと思っていても、「行動を起こしていない」パターンもあります。この場合は、「出会いがない」のではなく、正しくは「出会える行動をとっていない」といえます。

個人カウンセリングをしていたとき、同じように「出会いがまったくないんです」と悩む女性が相談にきました。

霊視によって視えてきたのは、職場と家を往復する姿。途中で立ち寄るところといえば、コンビニかお気に入りのパン屋さんくらいでした。

そうしたお店で出会いがないとはいいませんが、行動範囲が狭いと当然、出会う機会は減ってしまいます。

やはり、みずからがつながる努力ができるかどうか。それは、ただ出会いを広げる方法というだけではなく、神様に愛される方法でもあるのです。

幸せになる縁を引きよせたいと思ったら、まず何をすべきか。それを理知的な視点、つまり「神の視点」で俯瞰《ふかん》して考える想像力が大事です。

そのようにいうと、「サークルなどに入ったほうがいいですか?」と尋ねてくる方もいますが、狙《ねら》っての行動ではなく、何かもっと自分がやりたいことをやるのがいいでしょう。それを楽しんでいると、そこから思いがけない縁がつながることが起こります。

また、人の思いは、言葉や行動につぶさにあらわれます。本気で運命の人に出会いたいのなら、自分から積極的に動いたり、明るくほがらかに笑顔で人に接したりすることが大切です。

仏頂面《ぶっちょうづら》で暗い顔をしていたら「波長の法則」で同じような人にしか会えません。

最近は、マッチングアプリなども登場し、出会いそのものをつくる機会は増えています。それらも出会い方のひとつですが、嘘の経歴や写真を用《もち》いる人もいるそうですから、くれぐれも気をつけましょう。

私は昔から、お見合いが一番だと思っています。一対一ですし、釣書《つりがき》がありますから、相手の基本的な情報がわかります。

また合コンのような大勢での出会いの場は、「あの人よりもこっちのほうがいいかも」などと、どうしても物質的価値観で相手を見てしまうことになりがちです。本気の出会いを求めるにはあまり向いていません。

自分自身で相手をよく知り、見きわめる眼をもつことが何よりも大切です。

◇神に愛され、幸せになりたいなら

愛を学ぶために生まれ、恋愛や結婚という教材でたましいを磨く選択をしながらも、何年も不倫関係を引きずったり、パートナーの浮気に苦しめられたりするケースは今もよく耳にします。しかし、それはやはり神様に愛されない生き方といわざるを得ません。一度、じっくりと自分自身と向き合ってください。内なる神は、その状態をよしとしていますか？

まず、あなた自身が浮気や不倫を続けている場合。誰かに頼りたい、甘えたいという気持ちはありませんか。配偶者のいる人を求めるのは、相手のなかに安定感や落ち着きを見出して、依存しているだけということもあります。

相手との関係性において共依存に陥っていないか、冷静な分析が必要です。

自分と向き合い、「このままではいけない」という気持ちが少しでもあるなら、軌道修正しましょう。

もちろん、なかには、相手が今のパートナーとの関係をきちんと清算するのを待つなど、筋《すじ》を通して恋愛を成就させる人もいるとは思います。

ただ、過去に見てきたケースを振り返っても、こうした方向転換には、かなりの時間を要します。お互いに中途半端な気持ちだったり、一時の快楽を求めて浮気や不倫をしていたりする場合は、そこまでたどり着くのは難しいでしょう。

もし、自分でも「どうしてあんなことをしてしまったのか」と反省しているなら、過去の一切は墓場まで持っていくくらいの腹くくりをして、内に秘めておきましょう。相手の家族を傷つけた事実から目を背けず、反省することです。

肉体がある以上、フィジカルな記憶が残ってしまうことはあるかもしれませんが、自分のどういう思いがその関係を引きよせたかを理解できれば、次第にたましいのうえでの浄化は進みます。

要するに、エナジーを引きずらず、切り替えができるのです。


そして、あなたが浮気や不倫される側の場合は、そもそもそういう人を引きよせた自分の波長も振り返りましょう。不義をしている相手が悪いのはその通りですが、人と人は、「波長の法則」で出会っているのです。

自分のなかにも何か、心変わりさせてしまう要因がなかったか、考えてみてください。「どうして私がこんな目にあうの」と自己憐憫に浸ると、ますます幸せから遠ざかってしまいます。

時々、浮気したパートナーに対してではなく、不倫相手に制裁を加えたいと躍起《やっき》になる人がいますが、幸せになりたいのなら、一切、放念すべきです。

あなたが相手に罰《ばつ》を与えなくても、当事者には必ず因果が返ります。あなたが相手に復讐《ふくしゅう》したら、あなた自身に悪しきカルマの種をまくことになります。相手のためにわざわざ、そのような負を積むことはありません。

神社に出かけ、お百度参《ひゃくどまい》りや縁切りを祈ったり、ライバルの不幸を願ったりするのは呪いと同じです。

どんなにパートナーを取り戻したいという純粋な思いが元にあったとしても、そういう行動自体が陰鬱です。神に愛され、幸せになりたいのであれば、そういう陰《いん》のオーラを漂《ただよ》わせるやり方はやめましょう。陰のオーラを宿していると、人生がずっと薄曇りになってしまいます。

どんなときでも、太陽の光のように明るいあなたでいてください。思考を陰から陽に切り替えることが幸せへの道です。どうしても別れたくない！　と追いすがるのは陰のエナジー。

むしろ、「今までありがとう。いい経験と感動でした」ときれいさっぱり見切りをつけ、思いを断ち切れれば、陽のエナジーに満たされるでしょう。

陰の生き方をするか、日向《ひなた》の生き方をするか、それを決めているのはあなた自身ということを忘れないでください。

◇多様な愛の時代に学べること

多様性が叫ばれる時代、愛のかたちもさまざまです。

それはスピリチュアルな視点でいえば決して特別なことではありません。

宿命について説明したときにも触れましたが、私たちは生まれてくるときに、性別や国籍、時代も選んできています。男として生まれ、男性が好きというカリキュラムを選ぶ人もいれば、女として生まれたけれど心は男性という人もいます。

男として生まれ、男女関係なく好きになるという人もいます。それぞれに、どんな愛を通して、大我に目覚めていくか、〝教材〟として選んできたものが違うだけで、愛を学ぶという点においては異性愛も同性愛も変わりありません。

ただ、偏見の目で見られたり、家族に打ち明けられなかったり、日本ではまだ法制度が整っていなかったり、と現世を生きるうえでの苦難はあるかもしれません。そういう意味では、たましいにも重い負荷をかけているともいえます。

たましいに性別はありません。現世に生まれるときに、肉体に入るから、男・女に分かれただけなのです。

肉体を脱ぎ捨て、たましいのみになったとき残るのは、「女性という経験をした」とか「男性という経験をした」ということのみ。言葉は悪いかもしれませんが、現世でどちらの性を生きたかは、〝着ぐるみ〟の違いくらいでしかないのです。

それに、前世を含めたたましいの歴史を見れば、だいたいみな、どちらの性別も経験しています。男性だったとき、女性だったとき、それぞれの人生を味わって学び、そしてまた現世に再生してきたのです。「たましいには性別はない」ということを胸に刻み、今の愛を大切にしていきましょう。

確かに、叶わない恋に苦しむことが多いかもしれません。けれど、愛を学ぶときに大事なのは、その過程にある「経験と感動」なのです。

最近では、恋愛リアリティーショーで男性同士の恋模様が描かれて人気だそうですが、時代はもう「異性愛だけしかない」といった古い固定観念に縛られなくなっていると実感します。実際、同性を愛し、幸せに暮らしている人たちを私もたくさん知っています。

そのほかにも、恋愛感情をもたないセクシャリティの方もいます。「恋愛は感性の学び」というと、「私は感性を学べないのでしょうか」と気になるかもしれません。けれども、それは狭いものの見方です。

山に登る道がひとつではないように、愛の学び方もさまざま。人として人を愛するだけが感性の学び方ではありません。

たとえば、動物を愛でるのも、花を育てて愛でるのも学び。そして、社会全体を見て、子どもやお年寄りを大事にしようと思うのも愛。そして、何より、内なる神である「あなた自身」を愛するのも大切な学びです。

愛を養い、育むさまざまな道筋を知っていきましょう。

人との縁

すべてが必然だからこそ、忘れてはいけないこと

◇出会いを生かせる人、生かせない人

人とつながる手段が多様化して、コミュニケーションが難しい時代といわれることがありますが、悪いことばかりではありません。それも光と闇で学ぶべきことがあります。

人とうまくつき合えなくて「寂しい」と感じることがあっても、それを否定する必要はありません。「寂しい」と思う感性自体は、人として正常な愛念《あいねん》の発露だと思うのです。寂しさを知るからこそ、同じような気持ちの人に寄り添い、他者にやさしくできるからです。

また、寂しさがわかる人だからこそ、人と人の縁に感謝が生まれ、誰かとつながる努力を惜しまないのではないでしょうか。人間関係において神様に愛される方法を知りたいと思うなら、まずこの事実を念頭に置きましょう。

私はイギリスで暮らすある夫婦の動画が好きで、よく見ています。日英の国際結婚カップルなのですが、ご縁の妙《みょう》を感じるのです。出会いのきっかけは「英語の勉強」。ある日本人女性がイギリスで暮らす男性と文通を始め、「結婚するまでに会ったのはたった二回」と語っていました。どんなに遠く離れている人とであっても、つながる人とはつながるもの。そう感じるエピソードです。

このお二人は文通という手段を通じてでしたが、今はリモートでの交流も盛んな時代。あらゆる人間関係をそれこそ世界中の誰とでも築くことが可能です。

ひとりでいることに不安があったり、人間関係がうまくいかなかったりして悩んでいる人は、少し視線を外に向けてみてほしいと思います。「井の中の蛙大海《かわずたいかい》を知らず」になっているだけで、一歩外に出てみれば、まったく違う人間関係を築けるかもしれないのです。いずれにしても、自分から人とつながるきっかけをつくっていく。そのワンアクションを自分から起こすことが何よりも大切なのです。

「神様に愛されたい」とか「幸せになりたい」と願うだけで、何ひとつ自分から動き出さなかったら、運命は永遠に変わりません。人間関係が苦手なら、ずっと苦手なままになってしまう。それでは、せっかくこの現世に磨かれにやってきたのに、目的を果たせないままになってしまいます。

スピリチュアルな視点で見れば、出会い自体は「宿命」の縁でつながります。守護霊が出会いをコーディネートすることもあります。

ただ、出会ったその人とどのように関係を深めていくかは、「運命」。あなた自身で切り拓かない限り、変化は訪れないのです。

◇SNSの闇にのまれないために

コロナ禍を経て、オンラインで会議を行なったり、仕事自体をリモートで行なったり……と、私たちの働き方には大きな変化がありました。

それ以前からSNS（ソーシャル・ネットワーキング・サービス）が盛んになってもいましたから、公私ともに、人間関係を築く手段にオンラインツールが占《し》める割合も増えています。

それが全方位に有効活用されていればよかったのですが、今は少し行きすぎた使い方になっているきらいもあります。

もちろん昔から「便所《べんじょ》の落書き」などという言い方もしましたから、隠れて悪口をこっそり書き連《つら》ねる人はいました。けれど、今はインターネット上に何かを書き込むやいなや、あっという間に拡散されてしまいます。一度発せられた言葉や画像などはデジタルタトゥーとなって、半永久的にインターネットの世界のどこかに残ってしまうような時代です。

近年、ＳＮＳ上には、人を陥《おとしい》れたり、誰かの不幸を喜んだりする言葉が並んでいます。しかし、それらを書いた張本人はいわずもがな、投稿を見て喜んだ人、それを拡散する人たちにも、カルマは必ず返ります。

「幸せな人は意地悪しません」と私はよく申し上げるのですが、ネガティブな感情で悪しき言霊を書き込んだり、見て喜んだりする人は、その人自身が幸せではありません。自分のなかに満たされない思いや苛立《いらだ》ち、不安や不満など何かしらの闇があるから、それがあぶり出されてしまうのでしょう。

理性で歯止めをかけられず、平気でインターネットの海に流してしまう。そうやって、悪しき種をまき続けていれば、どんどん不幸にハマっていってしまいます。

もちろん、そのような意図はなかったとしても言葉で誰かを傷つけてしまうこともあります。そのときは素直に「ごめんなさい」と謝ることを忘れないでください。

そこで自己保身のために下手な言い訳をすると、さらに事態は悪化します。

一方、あなたが悪意にさらされる側に立ったときは、とにかくその関係にしがみつかないことが大事。リアルな人間関係でもSNS上のつき合いでも基本的に同じ考え方ですが、あなたのたましいを傷つけるような相手とは本気でつき合うことはありません。

人生は有限なのですから、「逃げるが勝ち」。同じ土俵に上がってにらみ合うのは時間の無駄です。早めにその関係を断ち切って、きれいさっぱり心機一転しましょう。

ただし、その場合も反省は必要です。なぜなら、「類は友を呼ぶ」という波長の法則が働いて出会った関係だからです。

最初は純粋に「仲良くなりたい」という気持ちだったとしても、途中で「この人とつき合っていたら得する」などと、何かしら下心が芽生えませんでしたか？　理性的に関係を断ち切ることができない小我がなかったかを分析しましょう。

人間関係は「0対100」ではありません。どちらか一方のみに問題があってトラブルが起きるということはないものです。「自分だけが被害にあった」と思わないように。冷静に自分を振り返る視点をもちましょう。

◇家族もたましいを磨くカリキュラム

人間関係の始まりは、まず「家族」です。おぎゃあと産声《うぶごえ》を上げて生まれてきたとき、最初に出会うのは、現世の家族。この家族のメンバーは「宿命」として、あなた自身でキャスティングしてきています。

のんだくれのお父さん、だらしないお母さんの元に生まれたいとか、きょうだい仲は悪いほうが学べることが多そう……などと、みずからカリキュラムを選んできています。家族という「学校」でどんな勉強をするかは、あなたのたましいが求め、決めたことなのです。

ただ、自分で選んだことは生まれるときに忘れてきます。すべてを覚えていたら、予定調和な展開になるだけで、たましいにとって新鮮な感動も学びもありません。

「家族なのにわかってもらえない」と苦しんでいるなら、最初から家族はいないものと思って、早くから自立すればいいだけではないでしょうか。

文句を言いながらも、その一方で親に食事をつくってもらい、洗濯もしてもらっているようでは、結局ただの甘えであり、依存といわざるを得ません。

根底に依存心があると、幸せにはなれません。

私自身、両親と早くに死別して寂しさを味わいました。けれど、その一方で何でもひとりでやれる自由がありました。寂しさという「負」ばかりではなく、自由という「正」があったと今は思います。

家族とそりが合わなくても、友達や恋人などほかの大切な人たちに目を向けて、そこで愛を育んでいくこともできます。家族でしか「愛の電池」を充電できないわけではないのです。

もちろん、そこでも「孤高」が大事。人間関係の磨き合いは、自律した「個」と「個」のあいだで成り立つものということは大前提として覚えておきましょう。

家族という存在に甘え、もたれかかっていては、いつまでたっても自立も自律もできません。そのままだと家族への執着を断ち切れず、不満ばかりの人生になってしまいかねません。

◇「家族の本当の幸せとは何か」を考える意味

実は、家族の悩みは親が生きているあいだで終わる話ではないのです。

というのも、これまで私の元には「亡くなった家族は今、成仏しているでしょうか？　何か私に言い残したことがないか、教えてください」といった声がたびたび寄せられていました。

しかし、それまで家族としてきちんとコミュニケーションをとってきた歴史があれば、霊能者に頼らずとも、「お父さんならこういうふうに言うだろうな」と想像がつくものです。そしておおよそはその通りなのです。

仮に何か未練を残して、現世に執着をもって旅立ったのだとしても、残された者が気に病《や》むことはありません。供養《くよう》というのは、この世とあの世の切磋《せっさ》琢磨《たくま》でもありますから、生きている側（あなた）が自分の生きざまを見せることで、あの世の住人となった人も励《はげ》まされたり、気づきを得られたりするものです。

今、あなたがこの本を手にして、家族の本当の幸せとは何かについて考えることも、亡き人たちへのエールになるのです。

亡くなった方の執着が強いと、未浄化霊としてさまようことがあるかもしれません。けれど、それで仮に何か霊障が起きたとしても、騒ぎたてる必要はありません。お祓いしてもらったり、霊能者の元を訪ねて祈ってもらったりすることもありません。あなたがはっきりと、「こうしてほしい」という思いを伝えればいいのです。

相手が故人でも、思いを向ければ届きます。「いつまでも現世に執着しないで！」とピシャリと叱ってください。親に叱られながら育ってきたように、今度はあなたが親を諭《さと》してあげればよいことです。

亡くなった人と現世を生きるあなたのあいだにも、変わらず人間関係があります。お互いにたましいを磨き合っていることを忘れずにいてください。

◇人間関係をガラリと変える波長の整理

人間関係がうまくいかないとき、大掃除や引っ越しをすることで「波長の整理」になることがあります。

私自身、東京から熱海に引っ越したことをきっかけに、つき合いで出かける食事の回数はかなり減りました。

誘ってくださっても、「今、熱海にいるのでごめんなさい」と断らざるを得なかったのですが、これが逆にありがたい切り替えになりました。

ある程度歳を重ねてきたからいえるのかもしれませんが、どうしてもつき合わなくてはいけない人間関係というのはそう多くないものです。若い人たちは友達がいないことを気に病むようですが、数が多ければいいというものでもないのです。私も本当に心許せる友などわずかですし、それで十分だと思っています。優先すべきは、自分の人生を充実させること。我慢してつき合い続ける必要はありません。

物理的に居《きょ》を移すのは人間関係の大きな切り替えになりますが、これは一種の荒療治ともいえます。エナジーの大転換になるからです。

大きな波長の切り替えを望むなら、前向きな気持ちで挑めるときにしましょう。運気の「夜」のタイミングで行なうとかえって逆効果なのは、先述した通りです。

波長を切り替えたいと思っても、実際問題、仕事や子どもの学校のことなどがあると、そう簡単に引っ越しできないという人のほうが多いでしょう。

そのようなときは、自宅の模様替えをしてみてください。大きなものを動かさなくても、たとえば枕やシーツなど寝具を新調するだけでエナジーの切り替えができます。寝ているあいだはスピリチュアル・ワールドに里帰りしているので、より質のいい睡眠をとれるよう、こだわってみるといいでしょう。

波長の整理で大事なのは、「この模様替えをきっかけにして、切り替える！」と自分で決め、みずからの内なる神に誓《ちか》うこと。「エナジーを切り替えてください」とお願いするのではなく、あなた自身の強い気持ちで、変えていくことが大切です。

必要なことがあれば、夢を通してメッセージが来ることもありますし、守護霊と睡眠中に会っていることもあります。たとえあなたがその内容を覚えていなくても、大事なことはあなたのたましいの記憶には残っています。

ほかには、ひとり旅に出るのもいい波長の整理になります。

現代人は「静寂《せいじゃく》の時間」がなさすぎます。家族がいたとしても、ひとり自分と向き合う時間をもってください。

旅行中はスマートフォンなども、自主的に〝圏外〟にします。

連絡が入りそうな人がいるなら、あらかじめ「旅行に行くから連絡がつかない」とひと言伝えておけば、心配をかけることもないでしょう。

またメッセンジャーアプリも通知を切っておきましょう。既読をつけてしまうと、返事をしないといけないような気になるかもしれませんし、届いた内容によってはそれが気になって、旅に専念できなくなることも考えられます。


一日、それが無理なら半日でも構いません。人に会わない時間を意識的につくり、あなたの内なる神と心静かに向き合ってください。

すると、インスピレーションが冴《さ》えわたり、あなたが知りたかった答えや悩みの解決につながるヒントをもらえることもあります。あなた自身でしっかりと考え、アンテナを向ければ、叡智であるグループ・ソウル（類魂）とプラグがつながることもあるでしょう。

もし、ひとり旅には不安があるという方は、祖父母など、お年を召《め》した方と一緒に過ごすのも波長の切り替えになります。スピリチュアルな視点では「肉の年齢」（現世での年齢）よりも「たましいの年齢」（前世を含めた経験値）が大事ですが、いわゆる現世での「年《とし》の功《こう》」が生きるときもあるのです。あなたにとってのよきカウンセラーになってくれるでしょう。

◇何事も「いい」か「悪い」かだけで考えない

あなたは人から何かネガティブな指摘をされたとき、どのように感じるでしょうか。

たとえばその指摘が、あなたがコンプレックスに思っていることだったりすると、

「そんなことを言うなんてひどい」と思うかもしれません。

けれど、あなたのなかに思い当たるところがまったくなければ、聞き流せますし、そもそもその言葉が引っかかってもこないでしょう。気になってしまうということは、図星《ずぼし》だからです。自分でも自覚している欠点や未熟な部分を指摘されたから、胸に迫《せま》るものがあるのです。

図星を指されたときは、素直にその事実を受け入れましょう。

「良薬は口に苦《にが》し」というように、あなたにとって必要なことは、すぐには飲み込めないかもしれません。誰かに言われて「ムカッ」とくることがあったら、いったんそこで立ち止まって、なぜイライラしたかを見つめてみてください。

「人は目の前の梁《はり》は気になるが、心のなかの梁は気にならない」とはよくいったものです。

私たちの目は外向きにできていますから、目の前に何か嫌なことがあったり、苦手な人がいたりするとそちらばかり気にするでしょう。けれど、〝梁〟はあなたの内にあるのです。内側にも目を向けてみましょう。

あなたのなかに傲慢《ごうまん》さや横着、怠惰など、大きな梁がありませんか？

あなたのためを思って、わざわざ言わなくてもいい苦言を呈してくれる人がいたのは「幸い」です。その人は〝梁〟に気づかせてくれた恩人。避けるのではなく、受け入れ、感謝しましょう。

人間関係に悩んでいるとき、人は視野が狭くなって、目の前の梁ばかり気にします。ときには「相手が憎い」と感じることもあるかもしれません。けれど、どんなに憎い人でも、その人もまた「神」であり、「あなた」なのです。「グループ・ソウル（類魂）の法則」を今一度、思い出してください。すべて、ひとつなのです。

どんな相手でも、その人はあなたの「鏡」。スピリチュアルな視点をもてば、「あなた自身」であることがわかるはずです。嫌って憎んで避けるよりも、その人のなかに宿る「神」を見て、赦《ゆる》しましょう。「お金」の話と同じで、人のエナジーも留《とど》まると淀みます。執着を捨て、上手に水に流していきましょう。

マザー・テレサは、こうおっしゃっています。

「結局は、すべてあなたと内なる神とのあいだのことなのです。あなたとほかの人とのあいだであったことは一度もなかったのです」と。

どんな相手であれ、あなたに〝気づく機会〟をくれた人はみな、神です。人との出会いというもの自体が、天のみちびき。現世の物質的価値観の秤で「いい出会い・悪い出会い」と判断を下さず、すべての出会いに感謝しましょう。そこに、大いなる神の愛が宿っているのですから。

第3部

神様に愛される「暮らし」の実践

今まさに人生のシフトチェンジをするときに来ています

日の出とともに起き、日中は体を動かし汗を流して、夜の帳《とばり》がおりる頃には体を休め床《とこ》に就く——原始時代からくり返されてきた自然の営みのあり方を現代人の多くは忘れてしまっています。

特に都市部では町は深夜まで煌々《こうこう》と明るく、昼夜の境なく出歩くことに違和感を抱く人はいないでしょう。自宅にいてもスマートフォンを手放せず、ずっとその画面を見ていたかと思うと、バタンと倒れ込むように〝落ちて〟しまう。いつ寝たのかもわからず、気づいたら朝になっていた……というような話もよく耳にします。

日常的に心の問題を抱える人や体の不調を訴える人もますます増えていますが、

このような暮らしをしていれば、当然のなりゆきかもしれません。

それだけではなく、ときに霊的な憑依《ひょうい》を引きよせてしまうことも。明らかに人が変わったようになるケースもめずらしくありません。

もちろん「憑依」といっても、憑《つ》く霊が悪いのではありません。憑かれるほうにも必ず原因があります。波長が一致し、霊との〝お見合い〟が成立しなければ、憑依されることはないからです。

自然のリズムから離れた暮らしを続けることは、神から遠ざかる生き方をするということ。神の手を放した隙《すき》に、未浄化霊をも引きよせてしまうのです。

神の法則にそった生き方というと、何か特別なことのように思われるかもしれませんが、「自然な暮らしの営み」を実践するということです。

朝起きて、日中に活動し、夜は寝る。体にいい食事をとる。そういうシンプルかつ規則正しい生活を送ることなのです。

◇負の連鎖を断ち切る「自然のリズム」

あなたは、自然な暮らしの営みを実践できていますか。

一日の過ごし方を振り返ってみてください。

夜勤で働いているなどの事情がある方は別として、夜はしっかり睡眠をとりましょう。「夜になったら眠る」という当たり前の生活をしていないと、人間、余計なことを考えてしまいます。昔から「夜書くラブレターは出さないほうがいい」といわれましたが、それは的を射ています。夜は理性よりも感情が優位となり、行きすぎた表現となってしまうからです。

ラブレターくらいならばまだかわいいものですが、何か心に悩みを抱えている人が夜遅くまで起きて、スマホ片手に動画を見続けたり、ああでもない、こうでもないと考えたりしていてはろくなことになりません。

どんどんネガティブになって不眠傾向になり、睡眠不足で朝が来ても起きられず、仕事をする気力さえ湧かない。そんな悪循環に陥るのが目に見えています。

どこかで歯止めをかけなければ、生きていくことさえつらくなってしまうでしょう。こうした〝負の連鎖〟を断ち切るには、まず日々の生活を立て直すことが欠かせません。

朝起きたら部屋の窓を開け、太陽の光を浴びてごらんなさい。その光の温かさを感じるだけで自然に触れられます。

「ああ、気持ちがいい」「朝の空気は心地いい」と感じるはずです。

もし何も感じられないとしたら、それほどまでに感覚がマヒしている現状の危うさに気づいてください。

たとえ曇って太陽の光を感じられなくても、その雲の上には太陽があるように、神の愛はいつもそこにあります。

朝から夜まで、あなたにとって気持ちのいい暮らしを続けていれば、そのなかに必ず神を感じられます。もっといえば、あなた自身のなかに神のエナジーが宿ってゆくのです。

自然なリズムで暮らし、自分の心も体も「心地よい」と感じる過ごし方をすること。それは、すなわち〝神様のテンポ〟で生きるということです。

忘れないでください。私たちの心と体は車の両輪。二つの車輪がきちんと機能してバランスを保てているからこそ、人生というドライブを安全に快適に楽しむことができるのです。心と体を健やかにするためにも、神様と歩幅を合わせた毎日を送りましょう。

◇神様のテンポで暮らすと人生もうまくまわりだす

では、神様と歩幅を合わせて生きるために、何をすればいいのでしょうか。

ポイントは三つ。

◎自然の恵みがつまった体にいい食事をとる
◎適度に運動をする
◎質のいい睡眠をとる

体にいい食事をとっていれば日中元気に動けますし、体を動かしていれば、夜になれば自然とぐっすり眠れるでしょう。何も難しいことはありません。幸せになれる人は〝神様のテンポ〟にそって生きています。逆に幸せになれない人は、この神様のつくられたリズム・摂理に反した不自然な暮らしをしているということです。

ここで少し、私自身の敬神《けいしん》生活についてご説明しましょう。
神前でのおつとめ、仏壇に手を合わせて先祖への感謝を伝えるといったことだけが敬神ではありません。本来、敬神とは生活そのもの。今日、この日を生きられていることへの感謝をことほぐのは、必ずしも神前や仏前でなければできないわけではないのです。

神仏の前での祈りはもちろん大切なものです。けれど、実はそれだけではないのです。たとえば普段みなさんが「家事」として行なっていることのなかにも、神を感じる瞬間、感謝する瞬間があります。そこに気づけるかどうかが大切です。

朝 自分の心の整理をする祈りの時間

朝は6時に起床。身支度《じたく》を整え、まずは神前にご挨拶。それから愛犬の散歩に出かけます。犬の散歩は私自身のウォーキングも兼ねています。途中、地元のお宮や守護神社にも立ち寄ってお参りします。

仕事の都合もあり、東京に宿泊するときもあるのですが、それだけでどことなく息苦しさを感じます。都会暮らしのリズムはスピードが速いもの。そのような猛スピードのなかで生きていたら、人々の心に余裕がなくなり、次第に調子が狂ってしまっても無理はないと感じます。

ウォーキングは、思考の整理にはもってこい。実はこの本のアイデアも、そこでひらめきました。ある程度まで計画を練っていたのですが、「こうすればもっといいものになりそうだ」というインスピレーションが散歩中に降《お》りてきたのです。

前もって自分できちんと考え、計画を練るという〝努力〟を先に積んでいたからこそ、天界からインスピレーションが降りてきたのだと思っています。努力もなしに降《ふ》ってくる幸運はありません。

もちろん、歩くことによって、体力づくりもはかれます。いわゆる有酸素運動がフィジカル面を調整するうえで私には合っていて、深く息を吸って吐くことで、体が整っていきます。また、景色を見ながら季節の移ろいを感じるのも、忙しい毎日のなかでホッと心が休まる瞬間です。

オペラ公演など、体を使う仕事もありますから、忙しいときでもウォーキングは欠かさないようにしています。むしろ疲れているときこそ、体を動かして血流をよくすることは大事。血の巡りがよくなり、フィジカル面のよい調整になります。

✷掃除で自分の心を浄め、整える

散歩から帰ると、掃除タイム。掃除機をかけ、それからモップや雑巾《ぞうきん》を使って拭《ふ》き掃除をします。

雑巾は使い古したタオルを有効活用すればサステナブルですし、「心地よくこの家で過ごせますように」と念じながら水拭きすることで、自分のオーラがしっかりと家に付着し、〝オーラマーキング〟になります。それによりネガティブなものや魔を寄せつけないようにするのです。しっかり念を込めて拭きます。

新しい家に引っ越したときなども、まず部屋を自分で水拭きするのをおすすめします。自分の家を守るオーラマーキングになります。

一日外に働きに出ている人なら、家は疲れきって帰ってくる場所。家が「清らかな空間」になっていれば、帰宅するたびによいエナジーが充電されます。そのためにも、掃除はとても大切です。

忙しくて時間がないのに毎日掃除するなんて無理！　という人もいますが、習慣にしてしまえば何ということもありません。掃除してみればわかると思いますが、朝から掃除をして身のまわりが美しく整えば、一日を気持ちよく始められます。そしてその心地よさを実感したら、掃除をしないほうが落ち着かなくなるほどです。

私は朝の掃除で自分が禊《みそぎ》をしたような気持ちになります。特別なお祓いをしなくても、毎朝の掃除がお祓いになり、浄めとなるのです。

大掃除をする季節になって、どこから手をつければいいのやら……と途方に暮れる人もいます。でも、毎日少しずつ掃除をしていれば、それほど部屋は汚れていないはずです。ちなみに私は週に一度は窓拭きもしています。みなさんもぜひ、自分の心を磨くつもりで窓を拭いてみてください。汚れとともに、心の曇りも晴れていくのを感じるでしょう。

このように日々きれいにしているので、年末の大掃除のときには普段は行き届かないところを徹底的に整えられます。ぬか袋を使って柱を磨き上げるなど、プラスアルファの掃除をして、年神様《としがみさま》をお迎えするのです。

住まいを整え、きれいに使うこと。それは家という自分の〝聖域〟への感謝をあらわすことにもつながります。

✴洗濯にも祈りを込める

入浴は夜にしていますが、朝はシャワーを浴びて目を覚まします。そして、このときに洗濯もすませます。昔とは違い、洗濯機がすべての工程をやってくれるのですから、ありがたい限りです。子育て中で一日に何回も洗濯機を回すというご家庭もあるとは思いますが、それでも基本的には洗濯機がやってくれるわけですから、そのこと自体にも感謝を忘れずに。

よく「時間がない」と口ぐせのようにいっている人がいますが、洗濯板でゴシゴシ洗って汚れを落としていた時代に比べたら、家事全般において大幅に時間短縮できているはずです。それなのに時間がないのは、生活が便利になってできた余った時間に、スマホを触っていたり、ゲームをしたりしているのではありませんか？「時間がない」のではなく、「時間をなくしているだけ」というケースがほとんどだと思います。

もし、本当に自分の時間をもてないほどに忙しいときは、「今日は疲れているから休みます」と決めて、自分でオフの時間をつくりましょう。

家事で忙しい場合でも、外に働きに行っているのと同じように、「定時になりましたので、本日はこれで失礼させていただきます」と、切り上げていいと思います。

家族が心地よく過ごせるよう、家事をするのは励みにもなりますが、自分のことをおろそかにしてしまいがちです。

そうして家事に振り回されていると、「どうして手伝ってくれないの！」と不満が湧いてくるもの。イライラした心で過ごしていると、当然そこに「神」を見出すことはできません。「心地よい」「気持ちいい」と感じる瞬間にこそ、神を感じることができるからです。

上手に力を抜きながら、ときには「家族のために」ではなく「自分のために」家事を楽しむようにしましょう。

また、疲れがなかなかとれず、イライラが消えないときは、そのとき着ている服を〝お祓いクリーニング〟するといいでしょう。海水からつくられた自然塩を入れて洗うと、衣服にこもっている人のネガティブな念（思いのエナジー）を祓うことができます。海の塩の浄化力が作用して、エナジーを切り替えられます。

洗濯物を干《ほ》したりたたんだりするとき、あなたは衣服を雑に扱っていませんか？掃除のオーラマーキングと同様、洗濯物にもあなたのオーラがこもります。日頃頑張っているあなた自身に対して、そして家族がいる方ならば家族にも向けて、「いつもありがとう」「頑張ってね」と思いを込めて干したり、たたんだりしましょう。そこで込めた思いや祈りは、服を身につけた人に伝わります。洗濯物をたたみながら、ふと「あれ、お父さん、ちょっと体調が悪いのかな」などと、気づきが得られることもあります。

朝の時間帯はどのご家庭でも慌《あわ》ただしいと思いますが、上手にやりくりすることは、時間を賢く使うためのいい訓練になります。

私の場合は、ここで触れたこと以外にも、犬のグルーミングをしたりもしています。愛犬に触れる時間は私にとっての癒やしのひとときです。幸せホルモンが出るのか、元気をもらえます。朝の予定をすべてこなし、10時くらいから仕事を始めるという流れができ上がっています。

「江原さん、忙しいのにどうしてそんなに何から何までできるんですか？」とよく驚かれるのですが、それが習慣になっているので、自然と体が動くのです。

何より、私にとっては、散歩も料理も掃除もどれもが「メディテーション（瞑想）」であり「祈り」です。

もちろん、毎朝神前で神と向き合う時間をとっていますが、日常の暮らしの至るところに神を感じ、生活のすべてが自分の心を整理する時間になると実感しています。神棚を祀っていない人も、こういうふうに日常の家事を通して神を感じ敬《うやま》うことができれば、それが「祈り」となるのです。

昼 自然の恵みと想像力を養う料理でエナジーチャージ

私は基本的に一日二食です。昔の日本人もだいたいこのスタイルだったそうですが、これが自分の体には合っているようです。

一食目は朝昼兼用。午後の仕事前までに食事をとります。夏場はよくそうめんをいただきます。ゆでたそうめんの上にオクラ、かまぼこ、厚揚げなど、そのとき冷蔵庫にあるものを載せれば、ご馳走そうめんです。

レシピを見て、その通りに料理をこしらえないと落ち着かない人もなかにはいるかもしれませんが、難しいことはありません。「そうめんには錦糸卵《きんし》とそうりが定番」などと決めつけない。家にある食材で、「これを入れたらおいしそうだな」とトライしてみる……。ぜひ〝想像力を養うレッスン〟だと思って料理をしてみてください。組み合わせの妙で最高にいい味に仕上がると、それ自体が発見になってうれしいものです。

また、風邪気味だと感じたときは、「ショウガを多めに入れよう」といったふうに、自分のコンディションにあわせて調整できるのも、自炊の魅力です。


このように、自炊するのが習慣になった今、私はいつでも自宅の冷蔵庫に何が入っているかが言えます。

あなたはどうでしょうか。冷蔵庫の中身をすべて把握していますか？

冷蔵庫の片隅で古くなったニンジンがミイラのようになっていたり、いつ買ったかわからない謎《なぞ》の瓶詰が眠っていたりしませんか？　わが家では絶対にそんなことはありません。隅から隅まで把握していますから、買い物に行って同じものを買って無駄にしてしまうといったこともありません。

食べ物を「無駄にしない」というのは、自然の恵みに対する感謝でもあります。

自然栽培で育てた野菜は余すところなく使えますから、皮ごといただき、とことん無駄にしない。食事ひとつにしてもそんな工夫をしているので、余計なことを考える暇もありません。

あるものでパパッと組み合わせを考え、食事の支度ができる人は、想像力やアレンジ力に優《すぐ》れた人。材料がないならないで、牛肉の代わりに豚肉でつくってみようと、すぐアイデアを出して工夫できる人は、実は、人生の試練を乗り越えていくのも得意です。

プランAがダメなら、プランBでいこう。そういうふうに柔軟に切り替えていけるのは、人生を歩むうえで無敵です。

料理のレパートリーを増やすように、あなたも人生経験を積んでいきましょう。すると、何かトラブルがあったときに「あのときの方法でやってみよう」と、過去の経験からストックを引き出して、乗り越えていけます。

また、日常でできるメディテーションとしておすすめなのは、野菜を刻むこと。トントントンと一定のリズムで刻むと、次第に心が落ち着いていきます。人間、

「頭のなかから邪念《じゃねん》を追い払おう」と気にすればするほど考えすぎてしまいますが、体を使って単調な作業をすると、自然と「無《む》」になれます。私も無になりたいときは、ひたすら野菜を刻んでいます。

私のキッチン・メディテーションのお供《とも》は、冬瓜《とうがん》やピーマン。ただひたすら黙々と刻んでいきます。ピーマンは十個くらい無心で刻み、さっと炒めておじゃこと和《あ》えれば、ちょうどいいごはんのお供になります。

✷料理は大我の愛を実践するよい教材

息子の昼食用にお弁当をつくっているというと、たいてい驚かれます。息子はもう成人していますから、その驚きの声のなかには「江原さん、ちょっと過保護すぎやしませんか」という思いを感じることもあります。

確かにそうなのかもしれません。けれど、私はそれでいいと思っています。

亡き母の言葉のなかで今も思い出すのは、「親以上に子を想う人はいない」というフレーズ。これはまさにその通りで、だからこそ私も「子どものためにできることはしたい」と思うのです。それこそ、守護霊というたましいの親があなたを常に想い見守っているように、私もみずからの内から大我の愛を発せられるよう、実践中の身なのです。

ある日のお弁当はハンバーグにトマト、ブロッコリー、とうもろこし。また、ある日は鮭のハラスとアスパラ炒めなど、彩りも工夫しながらつくっています。ごはんは私の田んぼでできた無農薬米、そして、スープジャーに味噌汁を入れて持たせています。

もとはといえば、息子の体質改善を目的としてつくり始めたのですが、お弁当を通したコミュニケーションもとれるので、一石二鳥。「疲れているな」と感じたら鰻《うなぎ》を入れるなど、体調を見ながら、メニューも工夫しています。

料理は「想像力が大切」といいましたが、相手の心身のコンディションまでも考えてつくるのは、大我の愛なくしてはできないことです。

風邪をひいて食欲のない人に対して、「スタミナをつけたほうがいいから、ステーキを焼きました！」というのでは、あまりにも想像力が足りません。「そんなことをする人がいるの？」と思うかもしれませんが、こういう見当はずれなことをしてしまう人は案外多いのです。

少し想像力を働かせれば、つまり大我の愛があれば、「食欲がないときでも食べられそうなおかゆをつくろう」とわかるはずです。

✷神の愛が宿る食事とは

手づくりのものには、つくった人のオーラがこもるので、食べる人を幸せにします。ですが、自分で食べる場合も、もちろんそこにオーラがこもり、あなた自身という神を愛することができます。

自炊が面倒という人は多いようで、「パックご飯をチンして、その上にそのままレトルトカレーをかけて食べる」という人の話を聞いたこともあります。

「お腹に入れば一緒」「誰も見ていないし洗い物もしなくていいからラク」ということらしいのですが、そのような食べ方に神は宿りません。なぜなら、そこには真・善・美がないからです。

どんなに忙しくてもごはんは炊けるでしょう。お米を洗ってスイッチひとつです。私はむしろ、忙しいときほどお米を食べることをおすすめします。

卵かけごはんにしてもいいし、お漬物やのりなど、簡単なつけ合わせがあればそれで十分。余力があれば味噌汁の一杯でもつくれば、立派なご馳走になるでしょう。

ギリシャ神話では、神々の食べ物のことを「アンブロシア」といいます。私はお米が、日本人にとっての「アンブロシア」だと思っています。

スピリチュアル的にもお米はパワーフード。エナジーが詰まった食べ物ですから、積極的にいただきましょう。

そして、お米を研《と》ぐ時間もメディテーションに変えましょう。米粒ひとつずつが、あなたのたましいの未熟な部分だとイメージしてみてください。お米が研がれ、磨かれるように、あなたのたましいも日々、磨かれているのです。

夜

淀んだエナジーを切り替え、不安を寄せつけない

夜の入浴で、お湯にゆっくり浸《つ》かって体を温めましょう。体が温まると、体全体の毛穴が開きます。すると、体にたまったエクトプラズム（一種の生体エネルギー）を排出できます。

エクトプラズムは肉眼では見えませんが、疲れがたまり、怒りや悲しみ、憎しみや不満など、ネガティブな感情が増していくと、黒く汚れていきます。

湯船に浸かって毛穴を開き、汚れたエクトプラズムを出し切りましょう。

リラックスやリフレッシュのための入浴にとどまらず、淀んだエナジーの切り替えもできるので、自己浄霊《じょうれい》にもなります。

物事がうまくいかない、幸せを感じられないと思うことが増えたときは、自分を見つめる内観をしたうえで、入浴による自己浄霊法を試すのもおすすめです。

また、体を洗うときに体をいたわりながら素手《すで》で触れて洗いましょう。これは健康管理の面からもおすすめです。

実際、それで胸のしこりに気づいたという人もいます。自分の体を愛し、大切に慈しむためにも、入浴時間を大切にしましょう。入浴によって副交感神経が優位になれば寝つきもよくなり、霊的世界への一時の里帰りがスムーズになるでしょう。

また、外からウイルスの類《たぐい》を持ち込まないようにする意味でも入浴は大切。外出先から帰ったらお風呂に入ったりシャワーを浴びたりすれば、感染予防の一助になります。

そして、まず何より免疫力を下げない生活を送りましょう。それがあなたという神を愛し、この現世の旅を生き抜くうえで必要不可欠な心得。「肉体」という器を健やかに維持していくために、絶対に心がけるべきことです。

そのためにもやはり、規則正しい生活をすることが大切。食事、運動、呼吸法、睡眠など、生きるベースになっている部分を見直しましょう。

朝から夜までにすることをある程度ルーティン化すると、一日のリズムが決まっていきます。そのリズムに合わせて動いていると、心地よいテンポができあがるでしょう。

心地よいと感じることのなかに「神」を見ると先述しましたが、一日のうちでいくつも「心地いいポイント」をつくっておくと、幸せな気分のまま一日を終えることができます。

点と点を結んで一枚の絵を描くように、一日のうちに「神」を見る点がたくさんあるとイメージしてみてください。その点にそって生きれば、一日の心地よいリズムは、いい人生のリズムとなるでしょう。

世のなかの「不安」に振り回されない生き方

新型コロナウイルス感染症の世界規模のパンデミックによって、さまざまな影響が出ました。

たとえば働き方も大きく変わり、リモートで仕事ができるようになったために、地方への移住やUターンという選択をした人も大勢いました。毎日満員電車に乗って職場に通わずとも、パソコンとインターネット環境があればどこでも仕事ができる。そういうスタイルが、ずいぶんと定着しました。こうした新しい働き方を通じ、自分らしく幸せに生きる道を見つけ出せた人もいるのではないでしょうか。

私自身も、オンラインでの講演会をいくつか経験しました。ライブでしか味わえない熱量のやりとりはもちろんあります。けれど、何事も光と闇、正と負がありま す。オンラインで行なわれたことで、会場に入れない人はいなくなりました。

講演によってはアーカイブで復習することもでき、海外から視聴してくれた方もいて、裾野《すその》の広がりを実感しました。コロナ禍は大変な苦痛と苦労を伴うものでしたが、マイナスだと思う経験をしても、その分、プラスがある。パワーバランスはとれているのです。

この本を執筆している今は、新型コロナウイルス感染症の大規模な流行は少し落ち着いているように見えます。しかしながら、その一方では新しいタイプのコロナワクチンが開発され、承認されました。未知の要素も多く、その影響がどこまで出るか、不安な方もいらっしゃるかもしれません。

なかでも、接種者の呼気や汗などからワクチン由来のものが排出され、未接種者へ影響があるのではないか？　と気にされる方が多くいます。現に、この「シェディング」を不安視し、人の出入りの多い接客業などにおいて、ほかのお客さんへの影響を考えて「ワクチン接種者のご来店はご遠慮ください」と告知してあるところもあるのだそうです。

そこで、私は「シェディング」について霊視しました。

すると、極端に具合が悪くなる様子は視えませんでした。とはいえ実際は個々人の免疫力次第のところもあります。

そもそも、このワクチンが承認されたのは日本がはじめて。まだ科学的にも学術的にも白か黒かがわからないものです。いってみれば明確な治験がない状態ですから、ワクチンを接種することひとつをとっても、自分で考えることが大切です。

ワクチンを販売する製薬会社の社員有志が、公開されているデータをもとに知的に検証した書籍も話題を集めているようですから、気になる方はみずから情報を集めてみてください。


センシティブな話題だけに、家族や友人間で価値観が異なり、意見が分かれるケースも多いようです。

いずれにしても大事なのは、あなた自身が「自分の軸」をもって考えること。

何事も自分で知識を得て、無知を「智」に変えていくことが大切です。不幸になる三原則のひとつに「責任転嫁」がありますが、どのような問題も、まさに「誰かのせい」にしてはいけないのです。

◇自分で取捨選択し、幸せな生き方を選ぶ

幸せに生きるためには、常に冷静な視点をもち、「何が正しいのか」を自分で考え、取捨選択していきましょう。それが「自分の軸をもつ」ということであり「自律した生き方」につながります。

何をどう選んでも自由ですが、次の二点だけ、気をつけましょう。

①軽はずみな言動をしない

②免疫力を下げない

まず、「軽はずみな言動をしない」。これは、とても大切です。

たとえば、先の霊視の件でいえば、霊界が告げてきたメッセージがあるからとい

って、軽はずみに「シェディングは深刻ではないらしい」などと騒ぎ立てないこと。相手から求められてもいないことを一方的に伝えても、相手のたましいには響きません。

よく知らないこと、または現状では白か黒かもわかっていないことに対して、「こうだ」「ああだ」と断定的に決めつけたり、したり顔で語ったりしないことです。

世のなかの問題に対して警鐘《けいしょう》を鳴らすのは大事なことですが、どんな意見でも軽はずみな発言をしたり、他者に強要するようなものであってはならないと思います。私個人は、抗議デモのようなエキセントリックな訴え方には賛同していません。デモはどうしても感情的になりやすく、結果的に理性的な警鐘になりづらいと感じるからです。

いずれにしても「チョイスは自分で」を徹底することが重要です。

私は、憑依について「憑く霊が悪いのではなく、憑かれる自分が悪いのです」と、いつも言っていますが、「シェディング」というのもそれに似ているのかもしれません。

憑依の場合は、自分自身の波長が下がっていると、未浄化霊と「類は友を呼ぶ」で引き合ってしまいます。未浄化霊につけ入る隙《すき》を与え、憑依を受けるのです。

シェディングなど、ワクチンによる影響についても同じで、普段から不摂生を重ねていれば、影響を受ける隙をつくってしまいかねません。

「不安だ」と思っている人は、何よりあなた自身のいつもの生活習慣を見直し、免疫力を下げない暮らしをしていくことが大切です。

◇食住・医にこだわりを

あなたは、衣食住にどのようなこだわりをもっていますか？

安かろう・悪かろうの品に手を出すのではなく、「これなら安心できる」と思うものを手に入れる手間を惜しまないようにしましょう。

衣に関しては、もうみなさん十分な量を持っているのでは？　心地よいと感じるものを大切に長く着ていけば、それで事足りることも多いのではないでしょうか。

そして、食。食べることは生きること、生きることは食べること。命を育んでいくためにも、食はおろそかにできません。

これからの時代は、自分が信頼できると思う米農家さんと直接契約して、定期的に購入するやり方もひとつの方法だと思います。よいものを買って、農家さんを「買い支える」という心意気をもつことも大事です。

何を食べるかで、人生は変わります。

口はエナジーの出入り口でもありますから、スピリチュアル的に見ても、何を入れて、何を入れないかは、とても大事なこと。肉体を整えるうえでも、安全で品質のいいものをとり入れましょう。そして、添加物などの毒をとりすぎたなと感じたら、専門家のもとでファスティングするのもいいでしょう。

すでに添加物をたくさんとってきたなら、マイナス地点からの出発です。けれど、何もしないよりはいい。やれるだけのことをやってもなお病を得たのなら、それはあなたが乗り越えるべき課題といえるでしょう。

住まい。これについても、何を幸せと感じるかは人それぞれ価値観が分かれるところです。今まではずっと都会暮らしにこだわってきた人が、あるとき田舎暮らしのよさに気づくこともあるでしょう。

どこに住みどう暮らすかは、人生設計にも大きく関わりますから、あなた自身で検討して、決断しましょう。家族がいるなら家族のことも考えて、ふさわしい場所を見つけてください。

いずれにしても、この大地（土地）はすべてが地球からの借り物。現世に生きているあいだ、住まわせていただいている場所ですから、感謝を込めて大切に住み、美しく整えていきましょう。

ここ数年、水害や地震など大きな自然災害に見舞われることが続いています。まさに学び多き時代です。土地の名前には、その地の歴史が含まれていることもあります。やみくもに不安になって怯《おび》えるのではなく、自分でもきちんと調べてみましょう。

最後に、衣食住に加え、医療についても早い段階から考えておくと安心です。医療は今後もますます発展を遂げていくでしょう。治療法ひとつとっても、いろいろな選択肢が出てくるでしょうが、何を選び・選ばないか、判断するには冷静さが必要です。

自然に生き、自然に枯れて死んでゆくこと自体難しい時代ではありますが、命を天にお返しするそのときが来るまで、「どう生きるか」に向き合いましょう。

以前からさまざまな機会にくり返しお伝えしていますが、人生の最期をどう迎えたいのか、しっかり考え、「エンディングノート」を書いておきましょう。

余命宣告を受けたり、大病をしたりしてから「死」を考えるのではなく、今すぐに書いてみてください。老いも若きも関係なく、すべての人が死と隣り合わせ。きちんと自分の思いを書き残しておくことは、大我の愛の行為です。

あとに残された人が「あのとき、ああしてあげればよかった」などと後悔しないためにも必要ですし、遺産相続など、実務的な処理をするうえでも重要なカギを握ります。たとえひとり身の人でも、最期には行政の方など誰かは関わってくださいますから、そういった方たちのためにも、自分の遺志を書いておきましょう。

「備えあれば患《うれ》いなし」

これからの人生を安心して、幸せに生き抜くためにも、準備は欠かせません。

何も難しく考える必要はありません。

できることはできる、できないことはできない――何事もシンプルに考えて、行動していきましょう。

あなたは今この瞬間も、そして死のあとまでも大いなる愛に見守られています。いつの日か神（大霊）のもとに溶け合いひとつになるときまで、たましいを磨く旅は続きます。〝迷子〟にならないよう、「自分の軸」を決めましょう。

どの生き方が正解と決まってはいません。あるのは「あなたに向いている生き方」です。それが何か、ライフスタイルから価値観に至るまで見直し、ブレない軸をもってください。

日々幸福を引きよせる「かむながら」の教え

あなたはいつも神の愛に見守られ、神とともに歩んでいます。

本書の最後に、五つの大切なこと（「かむながら」の教え）をあなたに伝えたいと思います。

か　神の心で神の道を行く

ここまでこの本を読み進めてきた方はもう、おわかりでしょう。

あなたは神の一部分です。神の「分け御霊《わけみたま》」としてこの世に生まれてきました。

人生には、雲ひとつなく晴れわたった日もあれば、大嵐で前が見えず、右からも左からも物が飛んでくるような荒れ模様の日もあります。けれど、どんな日であっても、あなたは神とともにあるのです。

神の道を歩みましょう。その法則にそって生きていけば怖いものはありません。

つまずいて先に進めないと思うことがあったら、神の愛がまさにそのとき注がれているのです。「今は止まれ」のときだと教えてくれているということです。第1部でお伝えしたように、人生のバイオリズムには昼もあれば夜もあります。

幸せになれる人は、時を待てる人。夜にもかかわらずフラフラしていたら、幸せにはなれません。そのことを今一度、胸に刻んでください。

法則は絶対です。ゆるぎなくあなたを支えてくれるものとして、いつもあなたのそばにあります。

む 難しく考えない

「考えることが大切」と伝えてきましたが、ひとつ落とし穴があります。

複雑に考えすぎて、不幸せになるパターンがあるのです。

それを実感するのが、講演会で行なう公開相談です。悩みを紙に書いてボックスに入れてもらっているのですが、そこに書かれた相談を壇上で読みながら、私の頭のなかにクエスチョンマークが浮かんでしまうことがしばしばあります。

その人のなかでは整合性がとれた内容を書いているつもりかもしれませんが、何を言いたいのかが、こちらには伝わってきません。

そうした人に共通するのは、「悩みの焦点が定まっていない」ということ。そして、「自分から問題を複雑にしてしまっている」ことです。

自己分析ができていないから、内容が支離滅裂になりやすいのでしょう。

〝心の交通整理〟ができていない状態ですから、そのままの思考で行動していたら、トラブルはいつまでも解決せず、いつか大事故につながってしまいかねません。

この先の人生で、あなたも何かに悩み、苦しみ、立ち止まるときがあるでしょう。そこできちんと自己分析できてこそ、試練を乗り越えられます。ああだこうだと難しく考えず、シンプルに自分の心の内を言葉にしてみましょう。

「あなたは何が言いたいの?」と、あなたの内なる神に問いかけて内観しましょう。自分を客観的に見つめる視点をもてば、迷いは晴れ、何をすべきかわかるはずです。

な　成るときは成る

「為《な》せば成《な》る」ではなく、「成るときは成る」。

これこそ、神に愛され幸せに生きるための心得です。強引に「為せば成る」と気合でどうにかしようとしても、目の前の山は動きません。試練には必ず意味があります。うまくいかないときに無理やり行動を起こしても、いいことはありません。

夜が明ければ朝が来るように、時を待つことが大事。

それも、ただぼんやりと寝て待つのではありません。「果報《かほう》は寝て待て」といいますが、ただ寝ているだけではダメ。それ以前に自分で種をまき、努力をして、目的に向かって〝思いの矢〟を放っておくことが必要です。

今やれるだけのことをやりましょう。

それができれば、あとは天にゆだねるのみ。天にゆだねて待つのです。

思いの矢を放ったけれど、的に当たらなかったなら「ああ、今はそのタイミングではなかったんだな」と受け入れましょう。

その間にも矢を放つ練習を積み重ねることが大切です。成るときは成る。そのときが来るまで、待ちましょう。

が　我を捨てる

本当の幸せにたどりつきたいと思うなら、「我《が》」を手放しましょう。ここでいう「我」とは、我欲のこと。いい換えれば、「小我」です。できない、無理だとわかっていながら「なんとかして強引に思いを貫きたい」というのも、我欲、小我です。

できることはできる、できないことはできない。

シンプルに考えましょう。執着しすぎると、何事もうまくいきません。

我欲は、身勝手な欲。結局、それがある限り、自分という神を尊重できないため、幸せになれないのです。

同じ欲でも、「大我の欲」は、向上心のあらわれ。

成長したい、自分を磨きたいと熱意をもって挑むのは、大我の欲です。

挫折したり、苦い思いを味わったりして、「もう、ダメだ」と嘆きたくなったら、あなたのその「我」がどちらの欲なのかを分析してください。

15 羅針盤をもつ

太陽のような神の愛から、手を放さずに生きていきましょう。それが、本当の幸せであり、何も恐れることのない生き方です。

神の愛は、平等です。こっそり誰かにだけ愛を注ぐようなことはないのです。

神は寸分の狂いもなく、真理に忠実です。交通ルールがそうであるように、法則は人生を安全にドライブするために必要なものなのです。「そこを何とか、見逃してください」は通用しない世界です。

見方によっては厳しく徹底されたルールだと感じるかもしれませんが、裏を返せば、これ以上ない安心のルールです。この法則にそって生きてさえいれば、幸せに生きることができるからです。

もし今、あなたが幸せを感じられていないとしたら、どこかでルールを無視して、違う道に迷い込んでいるのです。どこでそうなってしまったのか、落ち着いて考えてみましょう。

そして、ただ従順に、幸せの道を歩んでいきましょう。単純すぎるくらい素直な人のほうが、幸せになれます。

たとえルールからそれ、自滅の道を行くことになったとしても、それも「間違い」ではありません。自分で選んだ道をその足で歩き、途中で転び、痛い思いを味わうことも大切な学び。そこで「これではいけない」と気づくことで、いつでも幸せの道に戻ってくることができるのです。

あなたは、幸せになる道を行きますか？

それとも不幸になる道を行きますか？

あなたの手にはすでに「法則」という羅針盤があります。どちらを選ぶか、決めるのはあなた自身です。

おわりに

「人は神の言葉を口にするが、神の言葉を実践する者はいない」という言葉がありますが「神様に愛される生き方」をしている人は、どれだけいるのでしょうか？

しかし、人はみな幸せになりたい。幸せになれる人でありたいと願うのです。

それでいて少しでも思い通りにならないと自己憐憫に浸り、私はかわいそうな人と、わが身のあわれさを訴える。

そして、その思い通りにならない理由を自分の責任とは思わず、誰かのせいにする。最後には神頼み。神にすがり、依存し、すべてが思い通りになるようにと祈る。

いかがでしょう？　多くの人がそのように生きていませんか？「人のふり見てわがふり直せ」といいますが、自分自身は自律した生き方、神様に愛される生き方に変えられますか？

実際にはなかなか難しいと、これまた自己憐憫していてはどんどん不幸になる人の深みにハマってしまいます。

誰にでも守護霊はいます。

そのようにいうと、「ではなぜ、苦しいときに助けてくれないのでしょうか?」と問う人がたくさんいます。しかし、守護霊が手を差しのべても、その人が神に愛される生き方をしていなければ、残念ながら届かないのです。

それは太陽があるのに、曇りの日に太陽が見えないことと同じです。

守護霊は太陽です。たとえどのような天気の日でも太陽は燦々《さんさん》と照らしているのです。

しかし届かない。それは曇りだからです。

では曇りとは何でしょう?

まさに「神様に愛されない生き方」です。

本書を読んで、そのことを理解されたことでしょう。

ですからあとは、神に愛される生き方をしたらいいだけです。しかもその生き方は公明正大で輝いて生きる道です。

ずるく立ち回った者が幸せになれると思われがちな現世ですが、これだけは申し上げましょう。絶対に「神に愛される生き方」こそ、幸せになれる道です。

実はずるく立ち回った者にも神の愛は届きます。それは報《むく》いが来るという愛です。それはバチではありません。気づきを促す愛なのです。

やはり公明正大で明るい人生こそが、神に愛される道なのです。

２０２４年は、私のスピリチュアリスト35周年の節目でもあり、還暦の年でもあります。

そして本書は15年ぶりの「王様文庫」での書き下ろしとなります。なんといいましても、私の原点は大ベストセラーとなった、『幸運を引きよせるスピリチュアル・ブック』です。この書籍から、「スピリチュアル」という言葉に注目が集まり、世に浸透していきました。

「スピリチュアル」とは「霊的な」という意味ですが、私は一貫して「目に見えるものよりも、目に見えないものこそが大切」と伝え続けてきました。目に見えないものとは「心」「たましい」です。その「想い」「思考」こそが未来をつくるのです。
最後に心に留めたい言霊を紹介します。

思考に気をつけなさい　それはいつか言葉になるから
言葉に気をつけなさい　それはいつか行動になるから
行動に気をつけなさい　それはいつか習慣になるから
習慣に気をつけなさい　それはいつか性格になるから
性格に気をつけなさい　それはいつか運命になるから

（マザー・テレサ）

そしてもうひとつ。

人生はひとつのチャンス　人生からなにかをつかみなさい
人生はひとつの美　人生を大事にしなさい
人生はひとつの喜び　人生をうんと味わいなさい

人生はひとつの挑戦　人生を受けてたちなさい
人生はひとつの責任　人生をまっとうしなさい
人生はひとつのゲーム　人生を楽しみなさい
人生は富　簡単に失わないように
人生は神秘　そのことを知りなさい
人生は悲しみ　それを乗り越えなさい
人生は冒険　大胆に挑みなさい
人生は幸運　その幸運をほんものにしなさい
人生はかけがえのないもの　こわしてしまわないように
人生は人生　立ち向かいなさい

（マザー・テレサ）

いついつまでも、みなさまの幸せをお祈りしています。

江原啓之

本書は、本文庫のために書き下ろされたものです。

神様《かみさま》に愛《あい》される生《い》き方《かた》

著　者　江原啓之（えはら・ひろゆき）
発行者　押鐘太陽
発行所　株式会社三笠書房
〒102-0072　東京都千代田区飯田橋3-3-1
https://www.mikasashobo.co.jp
印　刷　誠宏印刷
製　本　ナショナル製本

ISBN978-4-8379-3107-2　C0130

本書へのご意見やご感想、お問い合わせは、QR コード、
または下記 URL より弊社公式ウェブサイトまでお寄せください。
https://www.mikasashobo.co.jp/c/inquiry/index.html

王様文庫